# 彩票追号绝技

彩 痴 著

## CAIPIAO ZHUIHAOJUEJI

以数学理论为基础，推演出"暗合"彩票的多个特性

手把手教大家推演了新方法的整个操作过程 • 从不同的角度展示、说明了新方法的细微的使用过程

经济管理出版社
ECONOMY & MANAGEMENT PUBLISHING HOUSE

**图书在版编目（CIP）数据**

彩票追号绝技 / 彩痴著 . —北京：经济管理出版社，2023. 4

ISBN 978-7-5096-8987-5

Ⅰ. ①彩… Ⅱ. ①彩… Ⅲ. ①彩票—基本知识—中国 Ⅳ. ①F832.5

中国国家版本馆 CIP 数据核字（2023）第 066890 号

组稿编辑：杨国强
责任编辑：杨国强 白 毅
责任印制：许 艳
责任校对：王淑卿

出版发行：经济管理出版社
　　　　　（北京市海淀区北蜂窝 8 号中雅大厦 A 座 11 层 100038）
网　　址：www.E-mp.com.cn
电　　话：（010）51915602
印　　刷：北京晨旭印刷厂
经　　销：新华书店
开　　本：720mm×1000mm/16
印　　张：7
字　　数：108 千字
版　　次：2023 年 5 月第 1 版　　2023 年 5 月第 1 次印刷
书　　号：ISBN 978-7-5096-8987-5
定　　价：38.00 元

# 藏

　　"藏"在《现代汉语词典》（第5版）中的解释有三个：①躲藏；隐藏。②收存；储藏。③姓。

　　关于"藏"的故事，有很多。

　　汉朝邓通，富逾王侯，不善于藏名，遭人妒忌，最后因贫困而饿死。三国的糜竺，被拜为安汉将军，待遇在蜀汉中是最高的，结果是"惧疑内疚"，而后因郁病去世。西晋著名的富翁石崇，富可敌国，却"争豪比富"，最终被害。明朝江南巨富沈万三，不善于藏利，遭"龙"嫉，只能客死他乡。电视剧中的和珅虽然聪明，然而看到"留全尸"的诏书，也得感慨："君为钓者我为鱼。"

　　这些故事在现代人的眼中，都是在两个阶层的对局中，高阶层对低阶层的降维打击，胜负不言自明。而身在低阶层的陶朱公范蠡和留侯张良在帮助高阶层的雄主们建功立业之后功成身退、隐逸江湖、得享天年，方才是领略了"藏"的最高境界。

　　晋商对"藏"的理解更具有其独到之处，不仅仅是藏利，还要藏智、藏巧、藏富、藏势、藏大手段、藏大器局，最终在同一阶层的商业战争中独占鳌头而实现了"理天下之财、取天下之利"的理想。对比当下社会的商界大佬们，既有"夹着尾巴"继续做人的，也有不善于"藏"而远避海外的，可见"藏"的影响有多么深远。

　　现在社会上功成名就的人大多数都特别低调，这也是一种"藏"。毕竟"每天吃肉的人"跑到吃糠咽菜的穷苦人面前"吧唧嘴"，不是"善良"之举。也有好多不懂"藏"的"小肥羊"，在给大家吹嘘他认识好多"大灰狼"的时候，却没有看到"大灰狼"后院的烧烤炉里旺火冲天。

　　那为什么要藏？归根结底就是"人性"的考量。例如，谢逊武功够高，得到了屠龙刀后照样要"逃"；少林寺虽有扫地僧照看，《易筋经》还是丢失；没有《九阴真经》出现，不会有华山论剑。以上虽然发生在武侠的世界中，但人性是一样的。再比如，在一个单位系统中，除了血缘上的关系外，不管员工对领导有多么的"恭顺"，员工都需要明白"大树底下好乘凉"的同时"大树底下寸草不生"。

　　《周易·系辞上》说："慢藏诲盗。"《孙子兵法》也说："善守者，藏于九地之下。"更有《易经》佐证：唯有遁卦上九无不利，唯有谦卦六爻都是吉。

# 目 录

# 上部　基础

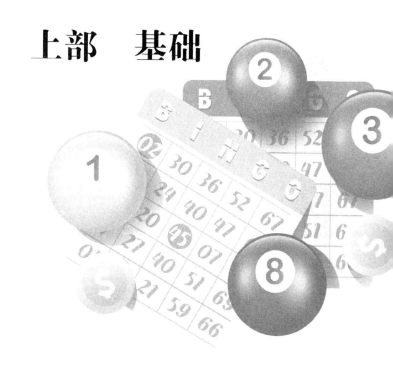

# 第一章 理财

理财大家都知道，主要根据资金的多少、投入时限、用途以及投资者的风险承受能力、收入、固定资产等因素来决定，理财方式有很多种。金融市场始终遵循一个原则，那就是低风险对应低收益，高风险对应高收益。正因为各种金融工具都有其优点与缺点，由此才需要进行综合的理财配置，以实现家庭财富的稳健增长。

拿出一部分钱来购买彩票，是很多人喜欢做的事情。彩票作为一种理财产品已经造就了许多富翁，满足了人们"博运道"的心理，同时也支持了国家的福利事业和体育事业。

人一生的投资理财行为有很多，按照兵家的"奇正"思想来划分，存一些能够保证生存的生活备用钱、买一套自住房等投资行为为"正"，投资股票、基金、期货、保险、贵金属、地产、收藏、彩票等的理财行为为"奇"。而购买彩票作为投资理财中的一支奇兵，越来越多地被大家接受并喜爱。

就彩票市场来说，第一部分是"正"，是数学理论中的大数定理在理想状态下的实现；第二部分是"奇"，是现实世界中彩票市场的博弈规律。彩票"庄家"和彩民群体的博弈游戏就是个"负和游戏"，每一期永远是彩票"庄家"胜利，这是彩票的设计原理，无可争议，这是"正"；而每一期的彩票在设计时又允许少数彩民赢，这就引发了彩民与彩民之间的"∞方大竞局"，而且这个"∞方大竞局"是公平的，谁的投入多、谁的方法手段高明，谁就是获利方，这就是彩票市场的"奇"。在这个公平的"∞方大竞局"中，无论你的方法和手段多么高明，如果没有买彩资金的投入，游戏的胜利结果就与你无缘，所以拥有一定的投资资金是"正"，学会用数学的方法和手段经营投资资金为"奇"。因为彩票的发行制作是根据数学理论中的大数定理设计的，所以在"知己知彼"的情况下利用大数定理来买彩票就成为买彩票方法之中的"正"。又由于彩票是由彩票"庄家"控制的，彩票"庄家"是由一些人管理的，包含了人性的博弈特性，《彩票追号绝技》作为买彩票方法之"奇"便应运而生。

学习了《彩票追号绝技》，可以上班谋生为"正"，以闲暇时拿出部分小钱买彩票"博运道"为"奇"；以中最小奖、基本奖保证本金大概率不丢失为"正"，以中次大奖、意外奖满足"博运道"心理为"奇"。

# 第二章　彩市盲点

盲点，是个生理学名词。人眼的视神经是在视网膜前面，它们汇集到一个点上穿过视网膜连进大脑，如果一个物体的影像刚好落在这个点上，人眼就会看不到，这个地方就是人眼的盲点。盲点是视神经穿过的地方，这个地方没有视觉细胞，物体的影像落在这个地方也不能引起视觉，因此，视网膜上无感光细胞的部位就称为盲点。

生理学上的盲点也可以被看作是"狭义"的盲点，下面我们将盲点的定义推广一下，研究"广义"的盲点。

生活中我们经常会有视而不见或者考虑不周的时候，有很多的心理盲点或者心理误区，这些盲点或者误区大多是我们不自知的，从而导致一系列错误的认知和行为。武侠世界中"独孤九剑"具有"后发先至"的特性，凭什么"独孤九剑"能"后发先至"呢？笔者认为，原因就在于"独孤九剑"通过"六十四卦"方位计算到的出招点在对手的"盲点"上，对手在视野模糊的情况下难免中招。

运用盲点的道理，我们在和对手博弈时，不管这个对手是个体还是群体，我们只要站在对方的盲点上，其就找不到我们。那么，彩票市场有盲点吗？它的盲点在哪里？

举个例子，当我们正常买彩票时，收入只有一项，那就是中奖。当我们开一家彩票站点时，再正常买彩票，我们就会发现，收入就成为两项了：第一项是彩票中奖，第二项是经营彩票站的提成。就像保险营销员一样，为自己买一单保险后，既完成了任务，从而可以领到基本工资，又能拿到提成。这就是彩票市场中的一种盲点。

再举个例子，你在北京购买了一定数量的彩票，再让合伙人在上海也买一定数量的彩票，设计出使在北京或者上海单独一地的中奖所得大于在两地的总投入的购买结构，这时"庄家"就会不知道你的具体所在地。"庄家"看不到你，自然会麻痹大意，也就等同于你站在了"庄家"的"盲点"上。

所以，利用"盲点"的道理去指导你的行动，必然能产生"后发先至"的效果，可以使你在和对手的对局中多一线生机。

# 第三章　彩市模型

在彩票市场中，光研究彩票系统本身的规律还不够，要想从中获得收益还必须根据彩票系统的规律设计下注方法，这样才能获得收益。这个下注方法跟系统的规律有关，还与自身的实际情况有关，比如有 2 元钱的人只能买一注彩票，有 100 元钱的人可以买多注彩票，两者的下注方法自然应该不同。所以，在有概率中奖的情况下，仅研究彩票客观系统的规律是不够的，还必须研究怎样利用规律进行操作。

对于彩票市场来说，系统本身的规律可以用来分析研判行情，而下注方法是设计操作的问题，也就是资金管理的问题，两者相互联系又有所不同。

为了更加深入地研究，我们以统计模型为例进行论述。请看下面的例子：

每种彩票都有多个彩民和一个"庄家"。"庄家"规定：十个数字（0~9）中，选一个数字作为中奖的数字，每注 2 元，赔率为 1：2.5，然后开放一段时间让彩民来买，等到开奖前的"一段时间"停止发售彩票。庄家利用这宝贵的"一段时间"开始统计销售结果，选择返奖率不大于设定返奖率（0.5）的那个数字来公布中奖结果，并且让连续每期出奖结果的数字在时间和地域上尽量满足正态分布。

统计结果如表 1 所示。

**表 1　彩市模型**

| 项目 | 预售数字 | | | | | | | | | | 总计 |
|------|----|----|----|-----|----|----|----|-----|----|----|------|
|      | 0  | 1  | 2  | 3   | 4  | 5  | 6  | 7   | 8  | 9  |      |
| 销量（注） | 20 | 40 | 34 | 106 | 10 | 90 | 50 | 140 | 30 | 30 | 550 |

续表

| 项目 | 预售数字 | | | | | | | | | | 总计 |
| --- | --- | --- | --- | --- | --- | --- | --- | --- | --- | --- | --- |
| | 0 | 1 | 2 | 3 | 4 | 5 | 6 | 7 | 8 | 9 | |
| 销售额（元） | 40 | 80 | 68 | 212 | 20 | 180 | 100 | 280 | 60 | 60 | 1100 |
| 返奖金额（元） | 100 | 200 | 170 | 530 | 50 | 450 | 250 | 700 | 150 | 150 | |
| 统计返奖率 | 0.091 | 0.182 | 0.155 | 0.482 | 0.045 | 0.409 | 0.227 | 0.636 | 0.136 | 0.136 | |
| 返奖率之差 | 0.409 | 0.318 | 0.345 | 0.018 | 0.455 | 0.091 | 0.273 | −0.136 | 0.364 | 0.364 | |

注：每注价格 2 元，赔率为 1：2.5，设定返奖率为 0.5。销售额 = 销量×每注价格。返奖金额 = 销售额÷赔率。统计返奖率 = 返奖金额÷总销售额。返奖率之差 = 设定返奖率 − 统计返奖率。

从表 1 可以看出，买数字 7 的人最多，对应的返奖率之差成为负数，中奖号码出 7 的时候庄家会赔钱。所以，出奖结果的"理想"数字应该是 3，其次选 5，再其次选 6，绝对不会出 7；如果奖池累积的资金很少时，"庄家"会出 1 和 2 等其他数字，快速给奖池积累资金。

按照这个模型的原理，对彩民来说，单期买入某个数字，中奖率等于概率；单期十个数字全部买入，投入是 2×10=20 元，中奖收入是 5×1=5 元，必然是亏损的。按照中奖结果不会出数字 7 的情况，全体彩民应该分散开来购买 10 个数字，不要集中在一个数字上进行购买。这样的话，总会有某个彩民会中奖，也能体现中奖结果的正态分布，"庄家"也喜欢这样的结果。如果你买了数字 7，那么就可以理解为"庄家"的对手方是你，你是"庄家"唯一打击的对象，即返奖结果为"拿你一百，返你五十"。

当出奖的数据能够保持正态分布的时候，也就具有了周期性，彩民连续几期买入某个数字（即追号），最终大概率会中奖。从这个意义上来说，我们买彩票用追号的方法就解决了彩票市场中能中奖的硬度问题。

需要注意的是，追号的注数要适可而止。当彩民购买的同一个数字的累计注数过量时，会导致返奖率之差为负值而使"庄家"亏钱，"庄家"就不会使这个数字为中奖号码了。从这个意义上来说，我们买彩票追号的时候，在购买的数量上要及时止损。而在止损数量和 0 之间，彩民就有了按照数学原理进行下注操作的不同方法，这也就解决了彩票市场中赚钱方法的锋利度问题。

例如，在模型中，彩民继续购买数字 3 的注数达到止损数量 X 注时，返奖率的计算等式如下：

$$统计返奖率 = 返奖金额 / 总销售额$$

$$0.5 = (106+X) \times 5 \div [(550+X) \times 2]$$

解得　X=5。

这个结果表示，当彩民继续购买数字 3 的数量大于 5 注时，返奖率之差成为负值，这时会使"庄家"赔钱，中奖的数字中也就必然不会开出 3，"庄家"会选择其他数字作为中奖数字。

通过对这个彩票模型的分析得出，出奖结果不仅与彩民的行为有关系，还与"庄家"的行为有关系。用数学的语言来描述，就是中奖结果 Z 是彩民行为 X 和"庄家"行为 Y 的函数关系，即：Z=F（X，Y）。

大家发现，这是一个隐函数。

欲知后事如何，请看后面章节。

# 第四章  彩市博弈论

博弈论又被称为对策论，是现代数学的一个新分支。

博弈论考虑游戏中个体的预测行为和实际行为，并研究他们的优化策略。其本质是将日常生活中的竞争矛盾以游戏的形式表现出来，并使用数学和逻辑学的方法来分析事物的运作规律。既然有游戏的参与者，那么也就必然存在游戏规则的制定者。深入地了解竞争行为的本质，有助于我们分析和掌握竞争中事物之间的关系，更方便我们对规则进行制定和调整，使其最终按照我们所预期的目的运行。

聊回前面的《彩市模型》章节，我们从数学的角度得出固定的中奖结果 Z，是彩民行为 X 和"庄家"行为 Y 的隐函数关系：$Z=F(X, Y)$。

那么我们就需要想办法求出这个隐函数的解。我们知道隐函数的特性之一就是，"庄家"行为 Y 的值和自变量的彩民行为 X 的值，不是一一对应的关系，是彩民与"庄家"一对多的关系。例如，当彩民行为 X 的值已经固定的时候，"庄家"行为 Y 的值却有多个。由于彩票买卖行为是一种不连续的数学现象，解这个隐函数的过程正好"暗合"了数学领域的"博弈论"，即寻找这个隐函数的解的过程，正是博弈论中求解纳什均衡的过程。

彩票市场具有博弈论的基本要素：①局中人是"庄家"和彩民。②具体的策略为，彩民采取的是追号中大奖的有限博弈策略，而"庄家"是长期"筹集资金"的无限博弈策略。③得失的结果明确，彩民中奖或不中奖，而"庄家"每期"筹集资金"都能成功。④对于彩民和"庄家"来说，存在着唯一的博弈结果，即"庄家"和极少部分彩民赢。⑤彩民和"庄家"的博弈是具有固定比值（返奖率）的"负和游戏"，游戏均衡点是彩民满足为"梦想"而"博运道"的同时，微笑着给"庄家"提供了资金，这个均衡点可以定义为彩票博弈游戏的"第一均衡点"。

从博弈论的角度来看彩票市场，可以得出以下结论：彩票市场是彩民与"庄家"组成的双方竞局和彩民与彩民组成的多方竞局融汇在一起的复合竞局。

彩民与彩民之间可以是合作博弈，大家达成合作（合买）时，可以协商如何合理操作合买和分配合买合作得到的收益。彩民与"庄家"之间是非合作博弈，双方利益相互影响，不能合作。彩民与"庄家"之间是不完全信息博弈，"庄家"对所有参与者的策略空间及策略组合下的支付有充分了解，而彩民只知道自己的信息。彩民确定好"阶段周期"，追号就是有限博弈；但是对于"庄家"来说，游戏有必要一直进行下去，它是无限博弈。彩民与"庄家"之间是动态博弈，双方的行动有先后顺序，彩民的行动"庄家"可以知道，并且"庄家"可以知道彩民的策略，而彩民只能猜测"庄家"的行动，不能全部知道，且"庄家"留了"生门"（就是中奖）。彩民与彩民之间是静态博弈，大家同时采取行动，或者尽管有先后顺序，但地域的局限使彩民之间不知道对方的策略，或者有合买行为但只是小范围的现象，无关大局，但是总有人会从"庄家"留下的"生门"出去，这个"生门"就是彩民需要找到的彩票博弈的另一个均衡点。通过博弈论中"零和游戏"模型和彩票市场中彩民与彩民之间的竞局模型的对比、分析与研究，可以得出这个均衡点的最低限度就是保证本金不丢失，即彩民要时刻抱有"保本意识"。这个均衡点定义为彩票博弈游戏的"第二均衡点"。

针对彩票游戏"第二均衡点"，我们从"博弈论"中找到两个思路：

第一个思路：在博弈论的"零和游戏"模型的基础上降低风险。例如，在买彩票的过程中，我们通过"合买"，可以实现分散风险的目的；在经营站点的过程中，我们用资本的"零和游戏"运动，赚取7%的投入资本的收益。

第二个思路：利用博弈论的"最小最大定理"，实现利益的最大化。具体就是：在最差的"保证本金不丢失"的条件下，能得到的最好结果。这个定理可以运用在彩票追号时"广义"的不同策略的选择上，即用最小的中奖条件保证本金不丢失，用逐渐增大购买数量的办法换取中奖概率的最大化，博取意外的最大奖。

至此，我们讨论清楚了彩票市场博弈的两个均衡点。

# 第五章  彩票市场博弈规律

　　由前一节可以知道彩票市场是个复合竞局，现在还需要对它的博弈规律进行更加深入的分析。下面我们就分别对彩票市场的双方竞局和多方竞局进行剖析。

　　在全体彩民和彩票"庄家"的双方竞局中，由于彩票运转的各种实际器具都是制作好的，它与理想状态下的器具总会有差距，所以在实际的运转中，彩票数据的出现会呈现某种"数学流形"。而这种"数学流形"类似于某一个人的习惯，会不自觉地周期性出现，在这种情况下它会被许多有头脑的彩民轻易地抓住，这时就会导致彩票的奖池被彩民轻易地挖空，彩票无法继续运转下去。历史上曾有很多被彩民挖空奖池而运转不下去最终退市的例子。这样的结局，彩票"庄家"是不愿意看到的，这时就有了全体彩民和彩票"庄家"之间的双方博弈：彩票"庄家"会想尽一切办法并动用各种手段让开出的彩票数据与理想状态下开出的彩票数据相近。与此同时，彩票"庄家"也不会把彩民"斩草除根"般地全部"吃掉"，相反还会以少数大奖为噱头吸引更多的彩民参加到这个为彩票"庄家"带来长期的、稳定的高收益的游戏中。这就如同渔网上的网孔需要设计多大一样，当网孔太大时捞不着鱼；当网孔太小时，会把小鱼也捞光而从此没有鱼吃。综合这些，这个博弈的结果就是彩票"庄家"设计的单期中奖的彩民只能有少数且单期中奖的奖金不能大于总的奖金，而且中奖人员呈现概率性的随机分布。从这一点上来说，对某一个号码进行追号，一个"阶段周期"下来大概率会中一次奖。考虑另一种极端情况，即当全体彩民是同一个人的时候，就变成了你与彩票"庄家"之间的游戏，无论你单期投入的博彩资金有多少、无论你买多少期，你都是彩票"庄家"唯一的打击对象。

　　而在全体彩民之间的多方竞局中，大家单期的博彩资金的总量会买中彩票"庄家"单期允许大家中奖的那部分彩票。打一个比方来说就是，武林中放大量金银财宝的密室都布置了各类机关、暗器，但总会留下一道"生门"让人进出。当有高手走在那道"生门"上时，他就会携着宝物全身而退，就像我们买彩票中了头奖一样。所以全体彩民之间的多方博弈也一样，当你踩在彩票"庄家"布置的"生门"上时，你投入的本金至少会全部给你"吐"回来。考虑另一种极端情况，当单期买入的博彩资金是单个彩民的时候，这个彩民单期中奖的奖金总量会小于他投入的博彩资金的总量。打个比方来说就是，进入密室的高手虽然走出了"生门"，但是他没有拿到宝物还受伤挂了彩。从这一点上来说，博彩高手参与那些热门的、有无穷多人参与的多方大竞局时不受伤的概率会大一些。与此同时，有的彩民投入的博彩资金多，有的彩民投入的博彩资金少，按照大数定理，投入的博彩资金多的彩民中大奖的机会会多一些，他们的中奖概率和投入的资金是成正比的。

# 第六章　周期和止损

　　事物在发展变化的过程中，某些特征会重复出现，其连续两次出现所经过的时间，称为周期。变化不息的万事万物，都具备法则性，整然有序，时而上升，时而下行，循环不已，有一定的规律可循，也即具有周期性。

　　就像爱因斯坦的"相对论"可以分为"狭义相对论"和"广义相对论"一样，周期也可以分为"狭义"上的固定数值的"理想周期"和"广义"上的某个时间段会重复出现结果的"阶段周期"。例如，在数学、物理学等理论型科学技术方面的周期，都有固定的数值 T，它就是"狭义"上的"理想周期"；而在统计、预测和经济等其他应用型学术方面的周期，数值时而大时而小，不能固定，就可以理解为"广义"上的"阶段周期"。

　　彩票是根据大数定理设计制作的，理论上应该表现出"理想周期"的特征，但其数据掺杂了"庄家"的主观意愿，变成了具有统计性质的"偏态"事件，因此表现出"阶段周期"的特征。故而彩民可以根据彩票数据具有"阶段周期"性的特点，拿出够一个"阶段周期"运行的资金进行追号，提高中奖概率。

　　需要明确的是，"阶段周期"是指结果会在某个时间段大概率出现，并不是百分之百地会出现。当"阶段周期"全部走完，并且实际结果与计划中的结果不相符的时候，就要停止追号，并且判定本次游戏结束，及时认赔止损。

　　考虑周期具备时而上升、时而下行的特点，我们根据自身的需求采取应对的办法：在周期的上升期做加法的、积极上进的、增加自身信息收益的盈利活动；在周期的下行期做减法的、平稳等待的、降低自身信息流失的止损活动。

　　对于理论型科学技术方面的"理想周期"，它的上升期和下行期是相等的，这在书籍中都有明确的论述，例如，数学中周期函数的中心对称特性。彩票的"理想周期"根据彩票种类的多样性和对应的不同玩法有大有小。例如，双色球的最小奖概率是十六分之一，对应的最小奖的"理想周期"就是 16；而福彩 3D 的"猜大小"玩法对应的"理想周期"大约是 3；快三"猜单双"玩法的"理想周期"为 2；等等。按照常理来看，大家都明白玩彩票追号游戏要求"理想周期"越小越好，但是在实际的事例中，玩快 3 的也没有多少人赚到钱。按照博弈论的原理："理想周期"越小的彩票游戏对应的"盘子"反而越小，"庄家"控盘的程度反而越深，从而导致"藏"的理论难以应用，使你的操作"一丝不挂"地暴露在"庄家"面前。

对于应用型学术方面的"阶段周期"，大概率按照四分之三的时间是上升期、四分之一的时间是下行期在循环运行。这种"体四用三"的"阶段周期"特性在书籍《皇极经世》中有更加精细的讲解。例如，一年有四季，生物活跃于春、夏、秋三季，蛰伏于冬季。因此，在彩票追号方面，我们在选择要追的号码的时候，留下四分之一的冷号不用；在追号的期数上，要适可而止，该止损时要止损，不能"伤筋动骨"。

# 第七章　大数定理

　　大数定理又称大数法则、大数率。简单地说，大数定理就是"当试验次数足够多时，事件出现的频率无穷接近于该事件实际发生的概率"。通俗地说，这个定理就是，在试验条件不变的情况下，重复试验多次，随机事件出现的频率近似于它实际出现的概率，即样本数量很大的时候，样本均值和真实均值充分接近。此定理的意义是：风险单位数量越多，实际损失会越接近从无限单位数量中得出的预期损失。

　　我们都知道彩票是"庄家"根据大数定理设计制作的，所以长期统计某个号码的出现次数会接近于它出现的预期频率。这就给我们提供了一种买彩票可以买中的方法，即守住某个号码长期买入，直到这个号码出现为止。虽然我们在买彩票时选定一个号码后，一直连续买下去，最后一定会中奖，但同时也要明白，大数定理就像个"紧箍咒"：当连续投入的资金越来越多时，收益率是越来越低的；当博彩项目投入的资金大于奖池的头奖时，理财已经没有意义了。

　　考虑到投入增大，风险也越大，我们经过逆向思考，就需要从大数定理的周期上做文章，参照已有数据的"数学流行"特点，利用大数定理"阶段周期"的特性，可以拿出自己不影响自身生活的闲散资金玩彩票"追号"的游戏。

　　所以，运用大数定理周期特性来购买彩票就成为我们在彩票市场中能够赚到钱的方法。它是一种谋略式的购彩手段，可以帮助彩民有计划、有目的地提高中奖率。

# 第八章  二八定律

在前面的章节中我们都提到了"阶段周期"这个名词，同时也提出了在"阶段周期"特征下用彩票来理财具有现实意义。但是这个"阶段周期"在资金的运作方面怎样来理解和确定，就需要用到二八定律，以此来实现对彩票追号游戏资金总量的控制。

二八定律也叫巴莱多定律，是19世纪末20世纪初意大利经济学家巴莱多发明的。他认为，在任何事物中，最重要的、起决定性作用的只占其中一小部分，约20%；其余80%尽管占据多数，却是次要的、非决定性的，因此又称"二八法则"或"80/20法则"。

在彩票市场中，平均返奖率大约就是20%，中大奖要交20%的税，所有彩种中只有20%的彩种销售情况良好，每注所选号码个数大约是号码总个数的20%，等等。

在彩民投资彩票的过程中，如果某个方案投资额为最大奖额度的20%，中大奖可以有80%的成功率，那么，这个方案就是个好方案。如果某种彩票中头奖奖金的20%，正好落在我们能够"玩得起"的数额区间，就可以设计一个"阶段周期"进行追号。同时，反过来说，彩民追号的投入金额，达到最大奖的奖金额的20%时，还没有达到预期，就需要强行止损。

在博彩的这个游戏中，我们希望拥有的本金就跟"韩信点兵，多多益善"一样，是越多越好、越多越安全的，但是好事的背后经常有坏事。受大数定理的局限，随着投入资金的无限增大，整体收益率越来越小，趋近于0，即投入资金的数量和收益率是成反比的。

很明显，当我们有无穷多的资金时，按照"赌徒不败"理论我们一定会赢，但现实中是没有人有无穷多的资金的。当我们只有2元钱，只能购买一注时，又没有百分之百会中的办法，就只能"博运道"换个开心。现实中，喜爱买彩票的人并不是只买一注，他们每年累计投入的博彩资金是个不小的数字，而且都是血本无归，如果能够将这些博彩资金进行合理的规划运作，保证本金不丢失的概率至少是可以一直提高的。

为了能够让本金不丢失的概率保持在一个较高的位置，我们根据每个人的实际承受情况、个人投入的博彩资金多少、每一种彩票的特点，最终可以按照"80/20 法则"计算出某一情况下一个合理的最小博彩资金数量。

# 第九章　重要数列

　　前面利用博弈论推导出了彩票游戏在追号的过程中要有"保本意识"，并且提出要利用"阶段周期"来完成"保本"，然后博取"意外奖"。这也"暗合"了《孙子兵法》中的"以正战，以奇胜"思想。那么，具体要怎样做？

　　下面，我们就开始介绍这两个非常重要的数列：大衍数列和斐波那契数列。

## 一、大衍数列

　　大衍数列源于《乾坤谱》中对易传"大衍之数五十"的推论，主要用于解释中国传统文化中的太极衍生原理。数列中的每一项，都代表太极衍生过程中曾经经历过的两仪数量总和。大衍数列是中华传统文化中隐藏着的世界数学史上第一道数列题。

　　大衍数列指的就是这样一个数列：0，2，4，8，12，18，24，32，40，50，……

　　大衍数列用一个 Excel 取整函数（INT）可以表示出来，公式表示为：$AN=INT（N×N÷2）$，N 的取值为 1~N。

　　从大衍数列的含义中，我们用数学的思维，可以对"定义域"进行进一步的、"广义"的推广，得出下面的推论：数列中的每一项都包含了以前的所有的信息。

　　用数学关系式表示为：

　　$AN=A1+A2+A3+\cdots+AN=\sum（AI）$，I 的取值为 1~N。

　　从彩票追号游戏的成本投入与中奖收入的角度来理解，就是第 N 期的中奖收入等于 1~N 期的成本投入。我们设 B 为第 N 期的中奖收入，（AI）为第 I

期的成本投入，∑（AI）等于 1~N 期的成本投入，关系式变化为：

B=A1+A2+A3+…+AN=∑（AI），I 的取值为 1~N。

根据这个等量关系，我们定义：

（1）每个（AI）的数值，是购买当期彩票需要的投入的操作依据，简称操作数据。

（2）所有（AI）的数值，是在一个"阶段周期"中按期号连续起来构成的数列，简称操作数列。

所以，我们可以根据每个人的情况构造适合于每个人的操作数列，也可以根据不同的资金量构造每种资金量的操作数列，还可以根据每种彩票的不同中奖规则构造适合于某一彩票的操作数列。

具体过程，请看下面的例子：

我们建立一个追号周期为 N 的累计投入成本和第 N 期的收入的等量关系。顺着这个思路，我们可以寻找出投入成本的自变量（即购买注数的操作数据）的变化趋势。设 B 为彩票追号至中奖的第 N 期的收入，AN 为彩票追号至中奖时第 N 期的投入操作数据，（AI）表示第 I 期的投入操作数据，那么上面的数学等量关系式可以重新写为下面的关系式：

B=AN+∑（AI），I 的取值为 1~N–1。

买过彩票的人都知道先买彩票后开奖，所以买彩票的投入资金是定量的，是可以明确的，彩民追号的投入资金也是可以明确的，而彩票中奖的收入却因所中的奖项不同而有所变化。为了更加细致地研究一个追号周期中投入与收入的关系，在此以双色球为例进行讲解，具体如表 2 所示。

表 2　双色球中奖查询

| 奖级 | 中奖条件（红＋蓝） | | | 奖金（元） |
| --- | --- | --- | --- | --- |
| | 只中红号**意外奖** | 红蓝都中**其他奖** | 只中蓝号**基本奖** | |
| 一等奖 | | 6+1 | | ≥ 500 万 |
| 二等奖 | 6+0 | | | ≥ 6000 |
| 三等奖 | | 5+1 | | 3000 |

续表

| 奖级 | 中奖条件（红＋蓝） | | | 奖金（元） |
|---|---|---|---|---|
| | 只中红号**意外奖** | 红蓝都中**其他奖** | 只中蓝号**基本奖** | |
| 四等奖 | 5+0 | 4+1 | | 200 |
| 五等奖 | 4+0 | 3+1 | | 10 |
| 六等奖 | | | 2+1，1+1，0+1 | 5 |

在表2列出的双色球游戏中：只中了蓝号最小奖的可以理解为基本奖，红蓝号码都有中的可以理解为其他奖，只中了红号的可以理解为意外奖。通过对博弈论的精髓——保本意识的学习和研究，我们再将彩票追号游戏在一个周期中的收入细化为"狭义"的基本奖。至此，双色球投入成本与收入的等量关系的意义变化为：彩票游戏追号至中奖时的基本奖收入等于追号期间投入成本的总和。

经过以上分析，彩民可以在追号时对买入双色球的数量（即购买注数的操作数据）进行推演，得出双色球的操作数列，即在一个"理想周期"中，当期买入彩票的"基本奖"的收入，等于所有期的投入成本，列方程如下：

设双色球第 N 期买入数量为 X，第 1 期至 N–1 期的累计投入成本为 Y，代入等量关系式，则有：

$$5X=2X+Y$$

解得　$X=Y/3$。

追号的第一期我们默认买入 1 注，即 X=1。第二期开始根据第一期已经出来的结果 Y 推算第二期的 X，就可以解出这个双色球数列：

1，1，2，3，5，8，……

但是在实际的计算中，会有小数出现，由于小数不可操作，需要"取整"，所以产生了两种"取整"方法。我们可以用计算机来辅助解一下这个方程。

第一种"取整"方法：让买入的回报"大于等于"前面所有期投入的付出（即"进一法"），这样就得出了双色球数列的第一个数列，如表3所示。

表3 双色球操作数列1（当基本奖"大于等于"累计投入资金时用"进一法"）

| 期号 N | 操作数列 买入数量 X | 单期投入 2X（元） | N期累计投入 Y（元） | 第N期中基本奖收入 5X（元） | N期纯收入 5X–Y（元） |
|---|---|---|---|---|---|
| 1 | 1 | 2 | 2 | 5 | 3 |
| 2 | 1 | 2 | 4 | 5 | 1 |
| 3 | 2 | 4 | 8 | 10 | 2 |
| 4 | 3 | 6 | 14 | 15 | 1 |
| 5 | 5 | 10 | 24 | 25 | 1 |
| 6 | 8 | 16 | 40 | 40 | 0 |
| 7 | 14 | 28 | 68 | 70 | 2 |
| 8 | 23 | 46 | 114 | 115 | 1 |
| 9 | 38 | 76 | 190 | 190 | 0 |
| 10 | 64 | 128 | 318 | 320 | 2 |
| 11 | 106 | 212 | 530 | 530 | 0 |
| 12 | 177 | 354 | 884 | 885 | 1 |
| 13 | 295 | 590 | 1474 | 1475 | 1 |
| 14 | 492 | 984 | 2458 | 2460 | 2 |
| 15 | 820 | 1640 | 4098 | 4100 | 2 |
| 16 | 1366 | 2732 | 6830 | 6830 | 0 |
| 17 | 2277 | 4554 | 11384 | 11385 | 1 |
| 18 | 3795 | 7590 | 18974 | 18975 | 1 |
| 19 | 6325 | 12650 | 31624 | 31625 | 1 |
| 20 | 10542 | 21084 | 52708 | 52710 | 2 |
| 21 | 17570 | 35140 | 87848 | 87850 | 2 |
| 22 | 29283 | 58566 | 146414 | 146415 | 1 |
| 23 | 48805 | 97610 | 244024 | 244025 | 1 |
| 24 | 81342 | 162684 | 406708 | 406710 | 2 |
| 25 | 135570 | 271140 | 677848 | 677850 | 2 |

注：基本奖为六等奖；玩法为中蓝号有奖；购买每注2元，中奖每注5元。

第二种"取整"方法：让买入的回报"约等于"前面所有期投入的付出（即"四舍五入法"），这样就得出了双色球数列的第二个数列，如表4所示。

**表4 双色球操作数列2（当基本奖"约等于"累计投入资金时用"四舍五入法"）**

| 期号 N | 操作数列 买入数量 X | 单期投入 2X（元） | N期累计投入 Y（元） | 第N期中基本奖收入 5X（元） | N期纯收入 5X-Y（元） |
|---|---|---|---|---|---|
| 1 | 1 | 2 | 2 | 5 | 3 |
| 2 | 1 | 2 | 4 | 5 | 1 |
| 3 | 1 | 2 | 6 | 5 | −1 |
| 4 | 2 | 4 | 10 | 10 | 0 |
| 5 | 3 | 6 | 16 | 15 | −1 |
| 6 | 5 | 10 | 26 | 25 | −1 |
| 7 | 9 | 18 | 44 | 45 | 1 |
| 8 | 15 | 30 | 74 | 75 | 1 |
| 9 | 25 | 50 | 124 | 125 | 1 |
| 10 | 41 | 82 | 206 | 205 | −1 |
| 11 | 69 | 138 | 344 | 345 | 1 |
| 12 | 115 | 230 | 574 | 575 | 1 |
| 13 | 191 | 382 | 956 | 955 | −1 |
| 14 | 319 | 638 | 1594 | 1595 | 1 |
| 15 | 531 | 1062 | 2656 | 2655 | −1 |
| 16 | 885 | 1770 | 4426 | 4425 | −1 |
| 17 | 1475 | 2950 | 7376 | 7375 | −1 |
| 18 | 2459 | 4918 | 12294 | 12295 | 1 |
| 19 | 4098 | 8196 | 20490 | 20490 | 0 |
| 20 | 6830 | 13660 | 34150 | 34150 | 0 |
| 21 | 11383 | 22766 | 56916 | 56915 | −1 |
| 22 | 18972 | 37944 | 94860 | 94860 | 0 |
| 23 | 31620 | 63240 | 158100 | 158100 | 0 |

续表

| 期号 N | 操作数列买入数量 X | 单期投入 2X（元） | N期累计投入 Y（元） | 第 N 期中基本奖收入 5X（元） | N期纯收入 5X–Y（元） |
|---|---|---|---|---|---|
| 24 | 52700 | 105400 | 263500 | 263500 | 0 |
| 25 | 87833 | 175666 | 439166 | 439165 | –1 |

注：基本奖为六等奖；玩法为中蓝号有奖；购买每注 2 元，中奖每注 5 元。

通过对表 2、表 3 和表 4 进行分析研究，可以明显地看出，双色球的操作数列的"实战性"很强，就是用"基本奖"保证彩票追号的本金不丢失，同时也免费得到了"博运道"时中"意外奖"的机会。

顺着双色球彩票的推演思路和过程，我们把国内的主要彩票种类的操作数列一并做完。在推演主要彩票种类的操作数列过程中，我们发现大量的最小奖为"购买每注 2 元，中奖每注 5 元"的彩种，我们把它们简称为"投 2 中 5 型"。我们首先将七乐彩、大乐透、七星彩、排列 5、22 选 5 和 29 选 7 等末等奖为"投 2 中 5 型"的操作数列汇集在一个表里；其次把其他几个有代表性的彩票种类的操作数列做好；最后对国外的彩票进行推演，本书以美国强力球彩票为例。对于没有列出的彩票种类，请读者学会方法后自行推演。请见下面各种主要彩票种类的对应表格（见表 5~ 表 11）：

表 5 末等奖为"投 2 中 5 型"的彩票种类

| | | |
|---|---|---|
| 29 选 7 奖项：基本奖为七等奖 | 玩法：选中 4 个正选号码 | 购买每注 2 元，中奖每注 5 元 |
| 22 选 5 奖项：基本奖为三等奖 | 玩法：号码与开奖号码任意 3 个相同 | 购买每注 2 元，中奖每注 5 元 |
| 排列 5 奖项：基本奖为四等奖 | 玩法：相同位置连续 2 位号码与中奖号码一致 | 购买每注 2 元，中奖每注 5 元 |
| 七星彩奖项：基本奖为六等奖 | 玩法：中任意 3 个数，中 1+1，中最后 1 个数 | 购买每注 2 元，中奖每注 5 元 |
| 大乐透奖项：基本奖为九等奖 | 玩法：独中 2 个蓝号和混合中 3 个号 | 购买每注 2 元，中奖每注 5 元 |
| 七乐彩奖项：基本奖为七等奖 | 玩法：中 4+0 | 购买每注 2 元，中奖每注 5 元 |

表6 末等奖为"投2中5型"的操作数列

| 期号 N | 进一法操作数列 买入数量 X | 单期投入 2X(元) | N期累计投入 Y(元) | 第N期中基本奖收入 5X(元) | N期纯收入 5X-Y(元) | 四舍五入法操作数列 买入数量 a | 单期投入 2a(元) | N期累计投入 B(元) | 第N期中基本奖收入 5a(元) | N期纯收入 5a-B(元) |
|---|---|---|---|---|---|---|---|---|---|---|
| 1 | 1 | 2 | 2 | 5 | 3 | 1 | 2 | 2 | 5 | 3 |
| 2 | 1 | 2 | 4 | 5 | 1 | 1 | 2 | 4 | 5 | 1 |
| 3 | 2 | 4 | 8 | 10 | 2 | 1 | 2 | 6 | 5 | -1 |
| 4 | 3 | 6 | 14 | 15 | 1 | 2 | 4 | 10 | 10 | 0 |
| 5 | 5 | 10 | 24 | 25 | 1 | 3 | 6 | 16 | 15 | -1 |
| 6 | 8 | 16 | 40 | 40 | 0 | 5 | 10 | 26 | 25 | -1 |
| 7 | 14 | 28 | 68 | 70 | 2 | 9 | 18 | 44 | 45 | 1 |
| 8 | 23 | 46 | 114 | 115 | 1 | 15 | 30 | 74 | 75 | 1 |
| 9 | 38 | 76 | 190 | 190 | 0 | 25 | 50 | 124 | 125 | 1 |
| 10 | 64 | 128 | 318 | 320 | 2 | 41 | 82 | 206 | 205 | -1 |
| 11 | 106 | 212 | 530 | 530 | 0 | 69 | 138 | 344 | 345 | 1 |
| 12 | 177 | 354 | 884 | 885 | 1 | 115 | 230 | 574 | 575 | 1 |
| 13 | 295 | 590 | 1474 | 1475 | 1 | 191 | 382 | 956 | 955 | -1 |
| 14 | 492 | 984 | 2458 | 2460 | 2 | 319 | 638 | 1594 | 1595 | 1 |
| 15 | 820 | 1640 | 4098 | 4100 | 2 | 531 | 1062 | 2656 | 2655 | -1 |
| 16 | 1366 | 2732 | 6830 | 6830 | 0 | 885 | 1770 | 4426 | 4425 | -1 |
| 17 | 2277 | 4554 | 11384 | 11385 | 1 | 1475 | 2950 | 7376 | 7375 | -1 |

续表

| 期号 N | 进一法 操作数列 X 买入数量 X | 单期 投入 2X（元） | N期 累计投入 Y（元） | 第N期 中基本奖收入 5X（元） | N期 纯收入 5X-Y（元） | 四舍五入法 操作数列 a 买入数量 a | 单期 投入 2a（元） | N期 累计投入 B（元） | 第N期 中基本奖收入 5a（元） | N期 纯收入 5a-B（元） |
|---|---|---|---|---|---|---|---|---|---|---|
| 18 | 3795 | 7590 | 18974 | 18975 | 1 | 2459 | 4918 | 12294 | 12295 | 1 |
| 19 | 6325 | 12650 | 31624 | 31625 | 1 | 4098 | 8196 | 20490 | 20490 | 0 |
| 20 | 10542 | 21084 | 52708 | 52710 | 2 | 6830 | 13660 | 34150 | 34150 | 0 |
| 21 | 17570 | 35140 | 87848 | 87850 | 2 | 11383 | 22766 | 56916 | 56915 | -1 |
| 22 | 29283 | 58566 | 146414 | 146415 | 1 | 18972 | 37944 | 94860 | 94860 | 0 |

表 7 福彩 3D 操作数列

| 期号 N | 进一法 操作数列 X 买入数量 X | 单期 投入 2X（元） | N期 累计投入 Y（元） | 第N期 中基本奖收入 6X（元） | N期 纯收入 6X-Y（元） | 四舍五入法 操作数列 a 买入数量 a | 单期 投入 2a（元） | N期 累计投入 B（元） | 第N期 中基本奖收入 6a（元） | N期 纯收入 6a-B（元） |
|---|---|---|---|---|---|---|---|---|---|---|
| 1 | 1 | 2 | 2 | 6 | 4 | 1 | 2 | 2 | 6 | 4 |
| 2 | 1 | 2 | 4 | 6 | 2 | 1 | 2 | 4 | 6 | 2 |
| 3 | 1 | 2 | 6 | 6 | 0 | 1 | 2 | 6 | 6 | 0 |
| 4 | 2 | 4 | 10 | 12 | 2 | 2 | 4 | 10 | 12 | 2 |
| 5 | 3 | 6 | 16 | 18 | 2 | 3 | 6 | 16 | 18 | 2 |
| 6 | 4 | 8 | 24 | 24 | 0 | 4 | 8 | 24 | 24 | 0 |
| 7 | 6 | 12 | 36 | 36 | 0 | 6 | 12 | 36 | 36 | 0 |

续表

| 期号 N | 进一法 操作数列 买入数量 X | 单期投入 2X(元) | N期累计投入 Y(元) | 第N期中基本奖收入 6X(元) | N期纯收入 6X-Y(元) | 四舍五入法 操作数列 买入数量 a | 单期投入 2a(元) | N期累计投入 B(元) | 第N期中基本奖收入 6a(元) | N期纯收入 6a-B(元) |
|---|---|---|---|---|---|---|---|---|---|---|
| 8 | 9 | 18 | 54 | 54 | 0 | 9 | 18 | 54 | 54 | 0 |
| 9 | 14 | 28 | 82 | 84 | 2 | 14 | 28 | 82 | 84 | 2 |
| 10 | 21 | 42 | 124 | 126 | 2 | 21 | 42 | 124 | 126 | 2 |
| 11 | 31 | 62 | 186 | 186 | 0 | 31 | 62 | 186 | 186 | 0 |
| 12 | 47 | 94 | 280 | 282 | 2 | 47 | 94 | 280 | 282 | 2 |
| 13 | 70 | 140 | 420 | 420 | 0 | 70 | 140 | 420 | 420 | 0 |
| 14 | 105 | 210 | 630 | 630 | 0 | 105 | 210 | 630 | 630 | 0 |
| 15 | 158 | 316 | 946 | 948 | 2 | 158 | 316 | 946 | 948 | 2 |
| 16 | 237 | 474 | 1420 | 1422 | 2 | 237 | 474 | 1420 | 1422 | 2 |
| 17 | 355 | 710 | 2130 | 2130 | 0 | 355 | 710 | 2130 | 2130 | 0 |
| 18 | 533 | 1066 | 3196 | 3198 | 2 | 533 | 1066 | 3196 | 3198 | 2 |
| 19 | 799 | 1598 | 4794 | 4794 | 0 | 799 | 1598 | 4794 | 4794 | 0 |
| 20 | 1199 | 2398 | 7192 | 7194 | 2 | 1199 | 2398 | 7192 | 7194 | 2 |
| 21 | 1798 | 3596 | 10788 | 10788 | 0 | 1798 | 3596 | 10788 | 10788 | 0 |
| 22 | 2697 | 5394 | 16182 | 16182 | 0 | 2697 | 5394 | 16182 | 16182 | 0 |

注：基本奖为次小奖；玩法为猜大小；购买每注 2 元，中奖每注 6 元。

表8　快乐8操作数列

| 期号 N | 进一法操作数列 买入数量 X | 单期投入 2X（元） | N期累计投入 Y（元） | 第N期中基本奖收入 4.6X（元） | N期纯收入 4.6X-Y（元） | 四舍五入法操作数列 买入数量 a | 单期投入 2a（元） | N期累计投入 B（元） | 第N期中基本奖收入 4.6a（元） | N期纯收入 4.6a-B（元） |
|---|---|---|---|---|---|---|---|---|---|---|
| 1 | 1 | 2 | 2 | 4.6 | 2.6 | 1 | 2 | 2 | 4.6 | 2.6 |
| 2 | 1 | 2 | 4 | 4.6 | 0.6 | 1 | 2 | 4 | 4.6 | 0.6 |
| 3 | 2 | 4 | 8 | 9.2 | 1.2 | 2 | 4 | 8 | 9.2 | 1.2 |
| 4 | 4 | 8 | 16 | 18.4 | 2.4 | 3 | 6 | 14 | 13.8 | -0.2 |
| 5 | 7 | 14 | 30 | 32.2 | 2.2 | 5 | 10 | 24 | 23.0 | -1.0 |
| 6 | 12 | 24 | 54 | 55.2 | 1.2 | 9 | 18 | 42 | 41.4 | -0.6 |
| 7 | 21 | 42 | 96 | 96.6 | 0.6 | 16 | 32 | 74 | 73.6 | -0.4 |
| 8 | 37 | 74 | 170 | 170.2 | 0.2 | 28 | 56 | 130 | 128.8 | -1.2 |
| 9 | 66 | 132 | 302 | 303.6 | 1.6 | 50 | 100 | 230 | 230.0 | 0.0 |
| 10 | 117 | 234 | 536 | 538.2 | 2.2 | 88 | 176 | 406 | 404.8 | -1.2 |
| 11 | 207 | 414 | 950 | 952.2 | 2.2 | 156 | 312 | 718 | 717.6 | -0.4 |
| 12 | 366 | 732 | 1682 | 1683.6 | 1.6 | 276 | 552 | 1270 | 1269.6 | -0.4 |
| 13 | 647 | 1294 | 2976 | 2976.2 | 0.2 | 488 | 976 | 2246 | 2244.8 | -1.2 |
| 14 | 1145 | 2290 | 5266 | 5267.0 | 1.0 | 864 | 1728 | 3974 | 3974.4 | 0.4 |
| 15 | 2026 | 4052 | 9318 | 9319.6 | 1.6 | 1528 | 3056 | 7030 | 7028.8 | -1.2 |
| 16 | 3584 | 7168 | 16486 | 16486.4 | 0.4 | 2704 | 5408 | 12438 | 12438.4 | -1.2 |

续表

| 期号 N | 进一法操作数列 X 买入数量 X | 单期投入 2X(元) | N期累计投入 Y(元) | 第 N 期中基本奖收入 4.6X | N期纯收入 4.6X-Y(元) | 四舍五入法操作数列 a 买入数量 a | 单期投入 2a(元) | N期累计投入 B(元) | 第 N 期中基本奖收入 4.6a | N期纯收入 4.6a-B(元) |
|---|---|---|---|---|---|---|---|---|---|---|
| 17 | 6341 | 12682 | 29168 | 29168.6 | 0.6 | 4784 | 9568 | 22006 | 22006.4 | 0.4 |
| 18 | 11219 | 22438 | 51606 | 51607.4 | 1.4 | 8464 | 16928 | 38934 | 38934.4 | 0.4 |
| 19 | 19849 | 39698 | 91304 | 91305.4 | 1.4 | 14975 | 29950 | 68884 | 68885.0 | 1.0 |
| 20 | 35117 | 70234 | 161538 | 161538.2 | 0.2 | 26494 | 52988 | 121872 | 121872.4 | 0.4 |
| 21 | 62130 | 124260 | 285798 | 285798.0 | 0.0 | 46874 | 93748 | 215620 | 215620.4 | 0.4 |
| 22 | 109923 | 219846 | 505644 | 505645.8 | 1.8 | 82931 | 165862 | 381482 | 381482.6 | 0.6 |

注：奖项为基本奖；玩法为选1；购买每注2元，中奖每注4.6元。

表 9 36 选 7 操作数列

| 期号 N | 进一法操作数列 X 买入数量 X | 单期投入 2X(元) | N期累计投入 Y(元) | 第 N 期中基本奖收入 10X | N期纯收入 10X-Y(元) | 四舍五入法操作数列 a 买入数量 a | 单期投入 2a(元) | N期累计投入 B(元) | 第 N 期中基本奖收入 10a | N期纯收入 10a-B(元) |
|---|---|---|---|---|---|---|---|---|---|---|
| 1 | 1 | 2 | 2 | 10 | 8 | 1 | 2 | 2 | 10 | 8 |
| 2 | 1 | 2 | 4 | 10 | 6 | 1 | 2 | 4 | 10 | 6 |
| 3 | 1 | 2 | 6 | 10 | 4 | 1 | 2 | 6 | 10 | 4 |
| 4 | 1 | 2 | 8 | 10 | 2 | 1 | 2 | 8 | 10 | 2 |

续表

| 期号 N | 进一法 操作数列 买入数量 X | 单期 投入 2X（元） | N 期 累计投入 Y（元） | 第 N 期 中基本奖收入 10X（元） | N 期 纯收入 10X−Y（元） | 四舍五入法 操作数列 买入数量 a | 单期 投入 2a（元） | N 期 累计投入 B（元） | 第 N 期 中基本奖收入 10a（元） | N 期 纯收入 10a−B（元） |
|---|---|---|---|---|---|---|---|---|---|---|
| 5 | 1 | 2 | 10 | 10 | 0 | 1 | 2 | 10 | 10 | 0 |
| 6 | 2 | 4 | 14 | 20 | 6 | 1 | 2 | 12 | 10 | −2 |
| 7 | 2 | 4 | 18 | 20 | 2 | 2 | 4 | 16 | 20 | 4 |
| 8 | 3 | 6 | 24 | 30 | 6 | 2 | 4 | 20 | 20 | 0 |
| 9 | 3 | 6 | 30 | 30 | 0 | 3 | 6 | 26 | 30 | 4 |
| 10 | 4 | 8 | 38 | 40 | 2 | 3 | 6 | 32 | 30 | −2 |
| 11 | 5 | 10 | 48 | 50 | 2 | 4 | 8 | 40 | 40 | 0 |
| 12 | 6 | 12 | 60 | 60 | 0 | 5 | 10 | 50 | 50 | 0 |
| 13 | 8 | 16 | 76 | 80 | 4 | 6 | 12 | 62 | 60 | −2 |
| 14 | 10 | 20 | 96 | 100 | 4 | 8 | 16 | 78 | 80 | 2 |
| 15 | 12 | 24 | 120 | 120 | 0 | 10 | 20 | 98 | 100 | 2 |
| 16 | 15 | 30 | 150 | 150 | 0 | 12 | 24 | 122 | 120 | −2 |
| 17 | 19 | 38 | 188 | 190 | 2 | 15 | 30 | 152 | 150 | −2 |
| 18 | 24 | 48 | 236 | 240 | 4 | 19 | 38 | 190 | 190 | 0 |
| 19 | 30 | 60 | 296 | 300 | 4 | 24 | 48 | 238 | 240 | 2 |

续表

| 期号 N | 进一法操作数列 买入数量 X | 单期投入 2X(元) | N期累计投入 Y(元) | 第N期中基本奖收入 10X(元) | N期纯收入 10X-Y(元) | 四舍五入法操作数列 买入数量 a | 单期投入 2a(元) | N期累计投入 B(元) | 第N期中基本奖收入 10a(元) | N期纯收入 10a-B(元) |
|---|---|---|---|---|---|---|---|---|---|---|
| 20 | 37 | 74 | 370 | 370 | 0 | 30 | 60 | 298 | 300 | 2 |
| 21 | 47 | 94 | 464 | 470 | 6 | 37 | 74 | 372 | 370 | -2 |
| 22 | 58 | 116 | 580 | 580 | 0 | 47 | 94 | 466 | 470 | 4 |

注: 基本奖为六等奖; 玩法为选中 4 个基本码, 或 3 个基本码 +1 个特别码; 购买每注 2 元, 中奖每注 10 元。

表 10　中国香港六合彩操作数列

| 期号 N | 进一法操作数列 买入数量 X | 单期投入 5X(港元) | N期累计投入 Y(港元) | 第N期中基本奖收入 20X(港元) | N期纯收入 20X-Y(港元) | 四舍五入法操作数列 买入数量 a | 单期投入 5a(港元) | N期累计投入 B(港元) | 第N期中基本奖收入 20a(港元) | N期纯收入 20a-B(港元) |
|---|---|---|---|---|---|---|---|---|---|---|
| 1 | 1 | 5 | 5 | 20 | 15 | 1 | 5 | 5 | 20 | 15 |
| 2 | 1 | 5 | 10 | 20 | 10 | 1 | 5 | 10 | 20 | 10 |
| 3 | 1 | 5 | 15 | 20 | 5 | 1 | 5 | 15 | 20 | 5 |
| 4 | 1 | 5 | 20 | 20 | 0 | 1 | 5 | 20 | 20 | 0 |
| 5 | 2 | 10 | 30 | 40 | 10 | 1 | 5 | 25 | 20 | -5 |
| 6 | 2 | 10 | 40 | 40 | 0 | 2 | 10 | 35 | 40 | 5 |
| 7 | 3 | 15 | 55 | 60 | 5 | 2 | 10 | 45 | 40 | -5 |

续表

| 期号 N | 进一法操作数列 买人数量 X | 单期投入 5X（港元） | N期累计投入 Y（港元） | 第N期中基本奖收入 20X（港元） | N期纯收入 20X-Y（港元） | 四舍五入法操作数列 买人数量 a | 单期投入 5a（港元） | N期累计投入 B（港元） | 第N期中基本奖收入 20a（港元） | N期纯收入 20a-B（港元） |
|---|---|---|---|---|---|---|---|---|---|---|
| 8 | 4 | 20 | 75 | 80 | 5 | 3 | 15 | 60 | 60 | 0 |
| 9 | 5 | 25 | 100 | 100 | 0 | 4 | 20 | 80 | 80 | 0 |
| 10 | 7 | 35 | 135 | 140 | 5 | 5 | 25 | 105 | 100 | -5 |
| 11 | 9 | 45 | 180 | 180 | 0 | 7 | 35 | 140 | 140 | 0 |
| 12 | 12 | 60 | 240 | 240 | 0 | 9 | 45 | 185 | 180 | -5 |
| 13 | 16 | 80 | 320 | 320 | 0 | 12 | 60 | 245 | 240 | -5 |
| 14 | 22 | 110 | 430 | 440 | 10 | 16 | 80 | 325 | 320 | -5 |
| 15 | 29 | 145 | 575 | 580 | 5 | 22 | 110 | 435 | 440 | 5 |
| 16 | 39 | 195 | 770 | 780 | 10 | 29 | 145 | 580 | 580 | 0 |
| 17 | 52 | 260 | 1030 | 1040 | 10 | 39 | 195 | 775 | 780 | 5 |
| 18 | 69 | 345 | 1375 | 1380 | 5 | 52 | 260 | 1035 | 1040 | 5 |
| 19 | 92 | 460 | 1835 | 1840 | 5 | 69 | 345 | 1380 | 1380 | 0 |
| 20 | 123 | 615 | 2450 | 2460 | 10 | 92 | 460 | 1840 | 1840 | 0 |
| 21 | 164 | 820 | 3270 | 3280 | 10 | 123 | 615 | 2455 | 2460 | 5 |
| 22 | 218 | 1090 | 4360 | 4360 | 0 | 164 | 820 | 3275 | 3280 | 5 |

注：基本奖为七等奖；玩法为选中号码与中奖号码 3 个相符；购买每注 5 港元，中奖每注 20 港元。

表 11　美国强力球操作数列

| 期号 N | 进一法操作数列 买入数量 X | 单期投入 2X(美元) | N期累计投入 Y(美元) | 第N期中基本奖收入 4X(美元) | N期纯收入 4X-Y(美元) | 四舍五入法操作数列 买入数量 a | 单期投入 2a(美元) | N期累计投入 B(美元) | 第N期中基本奖收入 4a(美元) | N期纯收入 4a-B(美元) |
|---|---|---|---|---|---|---|---|---|---|---|
| 1 | 1 | 2 | 2 | 4 | 2 | 1 | 2 | 2 | 4 | 2 |
| 2 | 1 | 2 | 4 | 4 | 0 | 1 | 2 | 4 | 4 | 0 |
| 3 | 2 | 4 | 8 | 8 | 0 | 2 | 4 | 8 | 8 | 0 |
| 4 | 4 | 8 | 16 | 16 | 0 | 4 | 8 | 16 | 16 | 0 |
| 5 | 8 | 16 | 32 | 32 | 0 | 8 | 16 | 32 | 32 | 0 |
| 6 | 16 | 32 | 64 | 64 | 0 | 16 | 32 | 64 | 64 | 0 |
| 7 | 32 | 64 | 128 | 128 | 0 | 32 | 64 | 128 | 128 | 0 |
| 8 | 64 | 128 | 256 | 256 | 0 | 64 | 128 | 256 | 256 | 0 |
| 9 | 128 | 256 | 512 | 512 | 0 | 128 | 256 | 512 | 512 | 0 |
| 10 | 256 | 512 | 1024 | 1024 | 0 | 256 | 512 | 1024 | 1024 | 0 |
| 11 | 512 | 1024 | 2048 | 2048 | 0 | 512 | 1024 | 2048 | 2048 | 0 |
| 12 | 1024 | 2048 | 4096 | 4096 | 0 | 1024 | 2048 | 4096 | 4096 | 0 |
| 13 | 2048 | 4096 | 8192 | 8192 | 0 | 2048 | 4096 | 8192 | 8192 | 0 |
| 14 | 4096 | 8192 | 16384 | 16384 | 0 | 4096 | 8192 | 16384 | 16384 | 0 |
| 15 | 8192 | 16384 | 32768 | 32768 | 0 | 8192 | 16384 | 32768 | 32768 | 0 |

续表

| 期号 N | 进一法操作数列 X 买入数量 X | 单期投入 2X（美元） | N 期累计投入 Y（美元） | 第 N 期中基本奖收入 4X（美元） | N 期纯收入 4X–Y（美元） | 四舍五入法操作数列 a 买入数量 a | 单期投入 2a（美元） | N 期累计投入 B（美元） | 第 N 期中基本奖收入 4a（美元） | N 期纯收入 4a–B（美元） |
|---|---|---|---|---|---|---|---|---|---|---|
| 16 | 16384 | 32768 | 65536 | 65536 | 0 | 16384 | 32768 | 65536 | 65536 | 0 |
| 17 | 32768 | 65536 | 131072 | 131072 | 0 | 32768 | 65536 | 131072 | 131072 | 0 |
| 18 | 65536 | 131072 | 262144 | 262144 | 0 | 65536 | 131072 | 262144 | 262144 | 0 |
| 19 | 131072 | 262144 | 524288 | 524288 | 0 | 131072 | 262144 | 524288 | 524288 | 0 |
| 20 | 262144 | 524288 | 1048576 | 1048576 | 0 | 262144 | 524288 | 1048576 | 1048576 | 0 |
| 21 | 524288 | 1048576 | 2097152 | 2097152 | 0 | 524288 | 1048576 | 2097152 | 2097152 | 0 |
| 22 | 1048576 | 2097152 | 4194304 | 4194304 | 0 | 1048576 | 2097152 | 4194304 | 4194304 | 0 |

注：基本奖为九等奖；玩法为中红球；购买每注 2 美元，中奖每注 4 美元。

特别需要说明一下，已经推演的表格数据是笔者收集数据时的网络数据，如果某个彩种因某种原因退市或者"庄家"改变了某个彩种的中奖规则，都可能使现在推演的结果与根据新信息推演的结果不同，需要读者辩证看待和使用。如果读者学会了本书的原理，不论"庄家"怎样改变规则，都可以重新设计、推演出对应的方法。

## 二、斐波那契数列

斐波那契数列，又称黄金分割数列、神奇数字，因以兔子繁殖为例而引入此数列，故又被称为"兔子数列""兔兔数列"。

斐波那契数列指的就是这样一个数列：1，1，2，3，5，8，13，21，……

这个数列从第三项开始，每一项都等于前两项之和，即 A（N+2）=AN+A（N+1）。

从斐波那契数列的研究成果中我们可以知道，数列能够与事物的外在表现形式有"暗中相合"（自然界中的巧合）的特性。将这个现象应用在彩票中，我们可以锁定哪些彩票数据的大概率出现范围与斐波那契数列相"暗合"，也可以锁定哪一种彩票与斐波那契数列相"暗合"，还可以锁定彩票的哪一种特性与斐波那契数列相"暗合"。

前面在"狭义"的范围内推演出了双色球的2个成本操作数列，运用这个操作数列，彩民可以实现在一个"理想周期"中"薅羊毛"，即彩民在一个"理想周期"中，运用"操作数列"追号买彩票会有"意外奖"的出现，一个周期运行下来，"基本奖"和"意外奖"累加的收入会大于前面的总投入成本。在这种情况下，运用"大衍数列"推导"双色球数列"时的基础为"当期买入彩票的'基本奖'的收入"。当把定义域为"狭义"的"基本奖"还原为"广义"的"所有奖"时，可以推演得到"双色球操作数列"的"广义"操作数列，即双色球猜想：

从"广义"上来讲，双色球彩票在"理想周期"的追号过程中，它的成本操作数列就是"兔兔数列"，如表12所示。

表 12 双色球猜想：双色球保本操作数列是 "兔兔数列"

| 期号 N | 操作数列 X | 最小基本奖六等奖（元） | | | 其他奖概率价值（元） | | | | 意外奖概率价值（元） | | | 剔除一等奖概率价值累计 Z（元） | 总收入（元） |
|---|---|---|---|---|---|---|---|---|---|---|---|---|---|
| | | 单期投入 2X | 累计投入 Y | 投资收入 5X−Y | 五等奖 3+1 | 四等奖 4+1 | 三等奖 5+1 | 一等奖 6+1 | 五等奖 4+0 | 四等奖 5+0 | 二等奖 6+0 | | 5X−Y+Z |
| 1 | 1 | 2 | 2 | 3 | 0.039 | 0.085 | 0.027 | 0.282 | 0.045 | 0.027 | 0.005 | 0.228 | 3.228 |
| 2 | 1 | 2 | 4 | 1 | 0.039 | 0.085 | 0.027 | 0.282 | 0.045 | 0.027 | 0.005 | 0.228 | 1.228 |
| 3 | 2 | 4 | 8 | 2 | 0.078 | 0.169 | 0.055 | 0.564 | 0.089 | 0.055 | 0.010 | 0.456 | 2.456 |
| 4 | 3 | 6 | 14 | 1 | 0.116 | 0.254 | 0.082 | 0.846 | 0.134 | 0.082 | 0.015 | 0.684 | 1.684 |
| 5 | 5 | 10 | 24 | 1 | 0.194 | 0.423 | 0.137 | 1.411 | 0.223 | 0.137 | 0.025 | 1.140 | 2.140 |
| 6 | 8 | 16 | 40 | 0 | 0.310 | 0.677 | 0.219 | 2.257 | 0.357 | 0.219 | 0.041 | 1.823 | 1.823 |
| 7 | 13 | 26 | 66 | −1 | 0.504 | 1.101 | 0.356 | 3.668 | 0.579 | 0.357 | 0.066 | 2.963 | 1.963 |
| 8 | 21 | 42 | 108 | −3 | 0.815 | 1.778 | 0.575 | 5.925 | 0.936 | 0.576 | 0.107 | 4.786 | 1.786 |
| 9 | 34 | 68 | 176 | −6 | 1.319 | 2.879 | 0.931 | 9.593 | 1.515 | 0.932 | 0.173 | 7.749 | 1.749 |
| 10 | 55 | 110 | 286 | −11 | 2.133 | 4.657 | 1.506 | 15.518 | 2.451 | 1.508 | 0.279 | 12.535 | 1.535 |
| 11 | 89 | 178 | 464 | −19 | 3.452 | 7.536 | 2.437 | 25.111 | 3.966 | 2.441 | 0.452 | 20.284 | 1.284 |
| 12 | 144 | 288 | 752 | −32 | 5.586 | 12.193 | 3.943 | 40.630 | 6.417 | 3.949 | 0.731 | 32.819 | 0.819 |
| 13 | 233 | 466 | 1218 | −53 | 9.038 | 19.729 | 6.379 | 65.741 | 10.384 | 6.390 | 1.183 | 53.103 | 0.103 |

续表

| 期号 N | 操作数列 X | 最小基本奖六等奖（元） | | | 其他奖概率价值（元） | | | | 意外奖概率价值（元） | | | 剔除一等奖概率价值累计 Z（元） | 总收入（元） |
|---|---|---|---|---|---|---|---|---|---|---|---|---|---|
| | | 单期投入 2X | 累计投入 Y | 投资收入 5X−Y | 五等奖 3+1 | 四等奖 4+1 | 三等奖 5+1 | 一等奖 6+1 | 五等奖 4+0 | 四等奖 5+0 | 二等奖 6+0 | | 5X−Y+Z |
| 14 | 377 | 754 | 1972 | −87 | 14.623 | 31.922 | 10.322 | 106.370 | 16.801 | 10.339 | 1.915 | 85.923 | −1.077 |
| 15 | 610 | 1220 | 3192 | −142 | 23.661 | 51.651 | 16.701 | 172.111 | 27.185 | 16.729 | 3.098 | 139.026 | −2.974 |
| 16 | 987 | 1974 | 5166 | −231 | 38.284 | 83.574 | 27.023 | 278.482 | 43.986 | 27.068 | 5.013 | 224.949 | −6.051 |
| 17 | 1597 | 3194 | 8360 | −375 | 61.945 | 135.225 | 43.725 | 450.593 | 71.171 | 43.798 | 8.111 | 363.975 | −11.025 |
| 18 | 2584 | 5168 | 13528 | −608 | 100.230 | 218.799 | 70.748 | 729.075 | 115.157 | 70.866 | 13.123 | 588.923 | −19.077 |
| 19 | 4181 | 8362 | 21890 | −985 | 162.175 | 354.024 | 114.473 | 1179.668 | 186.329 | 114.664 | 21.234 | 952.898 | −32.102 |
| 20 | 6765 | 13530 | 35420 | −1595 | 262.404 | 572.823 | 185.221 | 1908.743 | 301.486 | 185.530 | 34.357 | 1541.821 | −53.179 |
| 21 | 10946 | 21892 | 57312 | −2582 | 424.579 | 926.848 | 299.693 | 3088.411 | 487.814 | 300.194 | 55.591 | 2494.719 | −87.281 |
| 22 | 17711 | 35422 | 92734 | −4179 | 686.984 | 1499.671 | 484.914 | 4997.154 | 789.300 | 485.723 | 89.949 | 4036.541 | −142.459 |
| 23 | 28657 | 57314 | 150048 | −6763 | 1111.563 | 2426.518 | 784.607 | 8085.564 | 1277.115 | 785.917 | 145.540 | 6531.260 | −231.740 |
| 24 | 46368 | 92736 | 242784 | −10944 | 1798.547 | 3926.189 | 1269.521 | 13082.718 | 2066.415 | 1271.640 | 235.489 | 10567.801 | −376.199 |
| 25 | 75025 | 150050 | 392834 | −17709 | 2910.110 | 6352.707 | 2054.128 | 21168.283 | 3343.530 | 2057.557 | 381.029 | 17099.061 | −609.939 |
| 26 | 121393 | 242786 | 635620 | −28655 | 4708.656 | 10278.897 | 3323.649 | 34251.001 | 5409.946 | 3329.197 | 616.518 | 27666.862 | −988.138 |

　　详细的推演过程：我们将每注彩票的中奖情形、中奖金额和各种奖项的概率值代入表 12 中进行运算，并且得出结果，如表 13 所示。

表 13　双色球中奖概率查询

| 中奖级别 | 中奖情形 | 中奖金额（元） | 中奖概率 | |
|---|---|---|---|---|
| 一等奖 | 6+1 | 500 万 ~1000 万 | 1/17721088 | |
| 二等奖 | 6+0 | 6000~500 万 | 1/1181406（15/17721088） | |
| 三等奖 | 5+1 | 3000 | 1/109389（162/17721088） | |
| 四等奖 | 5+0 | 200 | 1/7293（2430/17721088） | 1/2303（7695/17721088） |
| | 4+1 | 200 | 1/3366（5265/17721088） | |
| 五等奖 | 4+0 | 10 | 1/224（78975/17721088） | 1/129（137475/17721088） |
| | 3+1 | 10 | 1/303（58500/17721088） | |
| 六等奖 | 2+1 | 5 | 1/67（263250/17721088） | 1/17（1043640/17721088） |
| | 1+1 | 5 | 1/37（484380/17721088） | |
| | 0+1 | 5 | 1/60（296010/17721088） | |
| 不中奖 | 0+0 | 0 | 1/4（4440150/17721088） | 1/1（16532100/17721088） |
| | 1+0 | 0 | 1/2（7265700/17721088） | |
| | 2+0 | 0 | 1/4（3948750/17721088） | |
| | 3+0 | 0 | 1/20（877500/17721088） | |

　　在表 13 中，为了证明双色球猜想，需要引入"概率等价"的含义，它的计算公式是：

　　　概率价值 = 操作数据 × 中奖概率 × 中奖金额（二等奖的中奖金额至少

　　　　　　　　为 6000 元）

　　例如：四等奖（5+0）的概率价值 = 操作数据 ×200×2430/17721088。

　　在计算"其他奖"的概率价值的时候，因为"其他奖"包含了"最小奖"，所以"中奖金额"需要减去"最小奖"5 元。

　　例如：四等奖（4+1）的概率价值 = 操作数据 ×（200−5）×2430/17721088。

在运算"概率价值累计"的过程中需要注意：按照"最小最大定理"的意义，累计的概率价值要剔除一等奖概率价值。计算等式如下：

$$投资收入 + 剔除一等奖概率价值累计 = 总收入 \approx 0$$

$$（5X–Y）+Z=5X–Y+Z \approx 0$$

大家都知道"概率"并不是货真价实的物资和货币，而是"做某一件事情"后具有的、会产生价值的属性。就像无形资产的"商业价值"一样，看不清、摸不着，但是人们会赋予它一定数量的货币价值，而且数量不是定值。就彩票而言，在没有开奖前，这张彩票有多少价值，只能用它的中奖概率与购买它所投入的当期成本的乘积来衡量，也是一个虚拟的、具有一定范围的数量值。"投资收入"项（5X–Y）的实际投入与"概率价值累计"项Z的虚拟收入的和值（5X–Y+Z）近似等于0时，可以确定投资能够保本，不会亏钱。概率等价到底存不存在？从有人能够中大奖的事实中就可以证明它是存在的。就像数学领域复数的表现形式a+bi一样，实部a大家可以"看得见摸得着"，类比于买彩票至少中多少奖的精确计算值；而虚部bi"看不见摸不着"，类比于买彩票的中奖附加模糊价值——"概率等价"。

我们用"概率等价"的含义证明了双色球猜想，还可以再用横向比较的方法验证一下双色球猜想的合理性。我们推演"投2中5型"彩种的操作数列时发现它们和双色球的操作数列是同一个数列，都暗合"兔兔数列"。这种情况的出现就需要我们用"概率等价"的方法对它们进行推演并作出比较，找到最优解。

考虑到"洛阳纸贵"，作者将推演过程省去，直接把主要的几个彩种的"总收入"结果汇入表14中。

大家从表14中可以明显地看出："理想周期"16期里双色球的"总收入"数据与"兔兔数列"的重合度是最好的，其次才是体彩大乐透。

因为双色球操作数列的"广义"含义既暗合了"兔兔数列"，也暗合了人性的复杂、宇宙的神秘，让我们对它崇拜有加，以后就可以把它应用于实践中。至于会不会命中"头奖"，那是由概率来决定的问题。但是从它所拥有的其他名字"黄金分割"和"神奇数字"来看，自然会有"奇遇"出现。能与大

表14 "投2中5型"彩票概率等价总收入对比

| 期号 N | 兔兔数列 | 双色球 | 体彩大乐透 | 总收入（元）：5X−Y+Z | | | |
|---|---|---|---|---|---|---|---|
| | | | | 七乐彩 | 七星彩 | 22选5 | 29选7 |
| 1 | 1 | 3.227911514 | 3.245452753 | 3.203573208 | 3.38 | 3.161388319 | 3.244925888 |
| 2 | 1 | 1.227911514 | 1.245452753 | 1.203573208 | 1.38 | 1.161388319 | 1.244925888 |
| 3 | 2 | 2.455823028 | 2.490905506 | 2.407146416 | 2.76 | 2.322776639 | 2.489851777 |
| 4 | 3 | 1.683734543 | 1.73635826 | 1.610719624 | 2.14 | 1.484164958 | 1.734777665 |
| 5 | 5 | 2.139557571 | 2.227263766 | 2.01786604 | 2.9 | 1.806941596 | 2.224629442 |
| 6 | 8 | 1.823292114 | 1.963622026 | 1.628585664 | 3.04 | 1.291106554 | 1.959407108 |
| 7 | 13 | 1.962849685 | 2.190885792 | 1.646451705 | 3.94 | 1.098048151 | 2.18403655 |
| 8 | 21 | 1.786141799 | 2.154507818 | 1.275037369 | 4.98 | 0.389154705 | 2.143443658 |
| 9 | 34 | 1.748991484 | 2.345393609 | 0.921489074 | 6.92 | -0.512797144 | 2.327480208 |
| 10 | 55 | 1.535133283 | 2.499901427 | 0.196526443 | 9.9 | -2.123642439 | 2.470923866 |
| 11 | 89 | 1.284124767 | 2.845295036 | -0.881984483 | 14.82 | -4.636439584 | 2.798404075 |
| 12 | 144 | 0.81925805 | 3.345196463 | -2.68545804 | 22.72 | -8.760082023 | 3.269327941 |
| 13 | 233 | 0.103382817 | 4.190491499 | -5.567442523 | 35.54 | -15.39652161 | 4.067732016 |
| 14 | 377 | -1.077359133 | 5.535687962 | -10.25290056 | 56.26 | -26.15660363 | 5.337059956 |
| 15 | 610 | -2.973976316 | 7.726179461 | -17.82034308 | 89.8 | -43.55312524 | 7.404791972 |
| 16 | 987 | -6.051335448 | 11.26186742 | -30.07324365 | 144.06 | -71.70972887 | 10.74185193 |

自然有那么多的"暗合"的一组数列，必然有其不平凡的表现。

## 三、综合讨论

上面我们分开论述了大衍数列和斐波那契数列在彩票行业的特性，现在把两个数列结合起来讨论。彩民都知道赔率是买一注彩票中奖后的收入除以中奖前的投入得到的结果，即：

$$单注赔率 = 单注收入 / 单注投入$$

当我们把"买一注"这个条件引申为"买一个周期"时，对应的"赔率"也就变成了"综合赔率"，即将彩票的各个奖项对应的赔率通过"概率等价"的原理进行综合计算：

$$综合赔率 = 综合收入 / 综合投入$$

当我们玩彩票追号游戏按照"兔兔数列"进行操作的时候，从起始第一期到中奖结束后，根据"双色球猜想"的理论，综合赔率的结果变化为：

$$综合赔率 = （兔兔数列的第 N 期中奖收入）/（大衍数列的 N 期$$
$$累计投入）\approx 1$$

这个结果太"巧"了，仿佛是"夺天地之造化"。

从综合赔率约等于 1 的结果来看，游戏处于"可以玩"和"不必玩"的临界状态。但是彩民玩彩票追号游戏不单单是为了开心，更需要有点收获，这时我们既可以"退而求其次"地使用表 3 和表 4 获得保守的意外进项，也可以根据自己的实力制定出综合赔率后用"大衍数列"设计进项更大的操作数列。这就给我们提供了彩票游戏的新玩法：用"大衍数列"设计一个中最小奖的"零和游戏"，用彩票操作数列连续买入 N 期，理论上我们没有赚到钱，但实际上我们的收入等于我们的投入加上中其他意外奖的"机会"，即赚了"机会"，而"机会"是无价的。例如，彩票根据中奖条件分为一等奖、二等奖等，一直到最小奖，随着奖项的减小，对应的中奖概率却越来越大。根据这种情况，彩民可以设计出追号时的每期购买操作数据，保证这个操作数据在中最小奖后的收入不小于累计购买彩票的投入。

从另一个角度来看，等式反向说明了"兔兔数列"和大衍数列的关系。

有网友认为"这是太极图的两条旋臂"。本书的推演过程算不算是一种证明方法，期待大家的讨论。

从彩票的角度把两个重要数列全部讲完，大衍数列和斐波那契数列的重要性可见一斑。

# 第十章　概率加法定理

概率加法定理是指互不相容事件的和的概率等于这些事件的概率的和。简单来讲，就是做一件事情，完成它有几种方法。具体用数学公式描述如下：设有 N 个独立事件，P 是事件的概率，那么：

$$P_总 = P_1 + P_2 + \cdots + P_N$$

从概率的加法原理中可以明白，随着事件的变化增多，总的成功概率是越加越大，如果把每个独立事件的概率全部相加，那么总的概率等于 1。

运用在彩票中，由于彩票的每一期开奖都是独立的事件 P，所以在追号的过程中，中奖的概率也就越加越大。在彩票的一个"理想周期"中，中奖号码必然会出现 1 次，彩民就可以从"理想周期"的第一期号码开始追号，一直追到中奖号码出现后停止追号，开始计划下一个"理想周期"的运作。

但现实总是残酷的，彩票的数据不会严格按照"理想周期"运行，需要彩民预判"阶段周期"的长短；当彩民计划的资金不能够支撑预判的"阶段周期"的运行时，虽然有中途中奖的可能，但也有所不值。

如果准备充分，能够准确把握住"广义"上的彩票的一个"阶段周期"的长短，那么"追号"就能成功，"追号"就成为概率加法定理的直接应用。

# 第十一章 追号

　　彩票的追号就是守号，守住选好的号码不变，以后连续每一期都要跟着购买。

　　世间万物的本性在于追求效率的最大化。彩票追号是要用最短的时间达到中奖的目的。例如，在物理学中光的折射现象，光在去往目的地的途中要经过多种不同属性的介质，为了要用最短的时间完成任务，光经过思考与计算后在起点与终点之间选择了折线而不走直线，即选择效率最高的方案。再以时钟为例，大家都知道 1 分钟等于 60 秒，但是在圆形表盘上的分针和秒针相遇重合的实际时间却比 60 秒大那么一点点。分针怎样做可以最短时间内与秒针相遇重合呢？答案很简单，分针在原地静止不动整整 1 分钟，等着秒针运动来撞它，但在现实中，时间是永恒变化的。用时最短，也就是选择效率最高的方案。

　　大家都知道永远不变的是变化，没有绝对的运动就无所谓相对的静止。另外，没有相对的静止就不可能确定究竟什么东西在运动以及它以什么形式运动。就像彩票的出号没有规律可循，天天在变化，相似于绝对的运动；但根据大数定理，某个号码经过一定的周期后一定会出现，相似于相对的静止。所以，制动以守，彩民守号是玩彩票游戏的好办法。笔者建议大家在买彩票时，守住某个号码静止等待，经过周期 T，中奖效率会达到最高。

　　守住单纯的数字号码，只是"狭义"的范畴。从"广义"的角度来看，我们可以守住某一个思想，守住彩票的某一种特性的概率范围等这些都可以被看作是"广义"的守号。就拿彩票来说，每一期号码的奇偶比例、大小比例、重号几个等都会周期性地出现，都可以用来"守"。如果购买彩票选择号码时跟不上"庄家"的变化，最好的办法就是以静制动，去守号。

那么守号具体要怎样做才会使效率最高，我们来看以下两个方法：

第一个方法是"狭义"地守住单纯的数字号码的方法——"结网捕鱼"。彩民要保持购买彩票单期与单期之间的互相联系，中间没有断档地连续追号，从而保证一个阶段周期的整体收益。具体操作：在单独一期通过买入两两之间不会重合的号码，从而保证单期的中大奖概率最高。例如，在买彩票的过程中，如果用概率之和的方法同时将某一类型的各个中奖概率值的彩票都买入，那么就一定会中奖，即它们的概率之和等于1。

第二个方法是"广义"地守住彩票的某一种特性的概率范围的方法——"铁索连舟"。彩民追买"最小奖"时，同时对多个"最小奖"进行追买。例如，双色球中大家看好3个蓝号近期会出，则每人负责守1个蓝号。因为"广义"的守号需要的投资资金是相当大的，大部分的个体彩民是投资不起的，难免力量不足。同时，随着投资资金的不断增加，投资者的心理压力会达到投资者能够承受的极限压力而使投资者崩溃。这时，为了追求最高效率，就要求大家采取"最佳的工作效益"的合作方式——合买。

综合来看，"铁索连舟"和"结网捕鱼"互相之间呈现"奇正"关系，"奇正"之间在互相转化着。起始初期单独对一个蓝号进行追买时，"结网捕鱼"是正，"铁索连舟"是奇；当发展到追买多个蓝号时，"铁索连舟"是正，"结网捕鱼"是奇。"奇正"在合买效率最高的"最佳的工作效益"的平衡点上转化。具体的"结网捕鱼"和"铁索连舟"的操作过程我们以福彩双色球为例在本书下部中详细给出。

# 第十二章　概率乘法定理

概率的乘法定理讲的是互不相容事件的积的概率等于这些事件的概率的积。简单来讲，就是做一件事情，完成它需要分成几个步骤。具体用数学公式描述如下：设有 N 个独立事件，P 是事件的概率，那么：

$$P（1×2···N）=P1×P2···PN$$

从概率的乘法原理中可以明白，随着集合里事件的增多，总的成功概率会越乘越小，如果把整个集合的每个独立事件的概率全部相乘，那么总的概率会一直到无穷小。为了保证乘法定理的结果趋于最佳，需要对乘法定理的成立条件"互不相容"和集合的元素数量进行合理的考量。

应用在彩票中，当我们在购买彩票的时候，会看中多个号码，但是看中的号码经过组合，产生的总注数的投入金额大于我们计划的投入金额，这个时候就需要"杀号"来去除一部分号码。

而"杀号"的指标众多，我们要拣"互不相容"的指标配合使用，例如，奇偶比例、大小比例、重号个数和心水号码就属于"互不相容"的指标。在指标数量的确定上，笔者建议"杀号"时使用不多于 4 个指标最好，因为数字 4 "暗合"了"四维"特性。例如，读者在时空里的状态，可以用 3 维空间的坐标 X、Y、Z 值和时间维的坐标 t 值进行精确定位，与此对应的是，奇偶比例、大小比例和重号个数正好相似于三维空间的坐标 X、Y、Z，且心水号码随心而动正好类似于时间维的坐标 t。

彩民还要根据"广义"守号中"守"的初心，对拣出来的"互不相容"的指标进行一个优先使用的排序，最优先使用的指标定义为"第一技术指标"，守号要求一直守"第一技术指标"，以此类推到"第二技术指标""第三技术指标""第四技术指标"。例如，当杀号不需要 4 个指标就能确定结果的时候，只有"第一指标"才能体现"守"的初心。

综上所述,"杀号"水平的高低体现了彩民对概率乘法定理使用的熟练程度。

# 第十三章　杀号

前文在乘法定理的基础上建立了"杀号"的理论体系，下面就"杀号"的具体过程及要用的方式做进一步探讨。

## 一、筛法

提到"筛法"，知道的人可能不多，但是提到"哥德巴赫猜想"，知道的人就不少了，现在关于"哥德巴赫猜想"的最高成就是用"筛法"造就的。原始的"筛法"可以用来寻找一定范围内（比如说2~100）的质数：首先将第一个数 2 留下，将它的倍数全部划掉；其次将剩余数中最小的 3 留下，将它的倍数全部划掉；再次将剩余数中最小的 5 留下，将它的倍数全部划掉……以此直至划无可划为止。这个过程就好像一遍又一遍地筛掉不需要的数字，故名"筛法"。

在我们买彩票的过程中，可以用"筛法"的理念：给定一个需要筛选的号码集合，用一个技术指标来作为"筛孔"，把不需要的号码划掉，直到达到我们的要求。例如，我们在选号的过程中，首用"跨度"划掉一部分不会出的数据，其次用"重号"划掉剩余部分中一部分不会出的数据，再次用"连号"划掉剩余部分中一部分不会出的数据，最后用"奇偶""大小"等划掉剩余部分中不会出的数据，这样运作一直到剩下的数据少到我们有能力买得起，这也就是我们买彩方法中的"筛法"。

需要我们明白的是，"筛法"的突出特点是能够快速地筛出我们需要的数量，但是它也有致命的缺点，即筛的次数越多，命中的准确率越小。所以，"筛法"虽然快，但它的本质还是概率的乘法定理，"筛孔"条件越多，中奖越少，要尽量少用单项条件。不得不说的是，在现实生活中，我们的彩民在购买彩票时最常用的方法就是这种"筛法",而且单项条件越设越多,直到中奖概率接近于零而血本无归。

为了使中奖概率保持在一定的数值,"筛法"用一次最好。

## 二、河图洛书平衡法

河图洛书是中国的传统文化,图形极其简单,但其包含的信息又无穷无尽、千变万化。现在我们仅将"河图洛书"文化中平衡的原理运用在彩票的推演上。如图1所示。

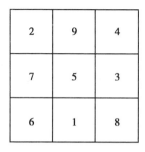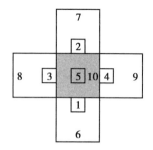

**图1　河洛图书平衡法**

注:①选择"亲情号""心水号""欲出概率"等指标中的1个。②用选好的指标对彩票号码进行分组,平均每几个号码为1组。③计算每个组的号码和值。④取和值最小的标为1类,次小的标为2类……一直到最大标为9类,全部标完,即编码完成。⑤通过洛书的横向、竖向和2个对角线方向产生12个数组:294、753、618、276、951、438、258、936、417、654、132、897。⑥把每个数组的数字对应的分组类的彩票号码代入数组,产生需要购买的号码,即解码完成。⑦ 把解码确定好的这些彩票,按照"河图"的方位,从几个人气比较旺的彩票站买入。

在"河图"中,平衡的具体内容是减法的平衡:在同一片地区时,东南西北中的五个位置的差值相等。在"洛书"中,平衡的具体内容是加法的平衡:在同一个时间点上,横方向、竖方向和两个对角线方向的和值相等。

运用到彩票上面就是:

在我们选号的过程中,可以将要选择的号码按照"某个指标"进行分类"编码",放置到对应的1~9的位置,然后按照"洛书"的平衡原理进行二次组号并将要选择的号码"译码"代回,这样推演出来的号码就不会重复出现,保证了追号过程中的中奖概率的"加法定理"的有效性，使中奖概率得到最大化。

在我们选完彩票号码去购买的时候，根据"藏"的理论和其他条件，需要把分解后的多张彩票，按照"河图"的平衡原理到东南西北中的多个方位去购买，当然，这也是一种心理安慰。

随着彩票投注号码数量的不断增加，本方法在使用过程中也会显得"吃力"和"不称手"，固而在投注号码数据量小时有突出优势。

## 三、二分法

二分法就是将所有的事物根据其属性分成两种。错误的分类可能导致逻辑谬论，如：非黑即白，不是忠的就是奸的。这很明显忽略了中间状态的存在。正确的分类法应该如白与非白。

彩民在大量的彩票数据中查找需要的数据时，二分法是个很好的方法。把彩票的备选号码分为两组，根据"最小最大定理"，假设第一组里没有奖，那么第二组里一定有奖；假设第一组里最小奖实现了保本，那么就可以在第二组里放心寻找大奖。

此方法在投注号码数量大的时候，"化繁为简，大开大合"，与河图洛书平衡法的"小巧玲珑"模式形成鲜明的对比。

## 四、心水码

在概率性质的彩票行业里面，最能体现"心水码"的特性就是直觉和运气。

直觉大致可以分为两种，即感觉直觉和超感觉直觉。感觉直觉是需要借助眼、耳、鼻、舌、触觉等感觉信息后大脑发出的判断。超感觉直觉是通过心灵直接觉察到的五种感官所不能感知的难以言说的微细信息，我们买彩票需要的就是这种"第六感"。

彩票市场上有很多类似的情况。基本上多数中大奖的中奖者都说自己是凭自己的第六感觉买的。"第六感"看似神奇，其实它是人内心深处固有的一种能力。产生"第六感"的方法非常简单，就是集中注意力等待它自己出现。为了能达到合格的"第六感"准备状态，必须对面临的任务达到相当熟练的程度。彩票站的工作人员天天面对着彩票走势图的数据，"第六感"就会比普通彩民高。

作为彩民来说，选出自己中意的"心水码"，就是"第六感"的体现，至于会不会中奖，就要看"运气"。

人们在彩票市场的实战中，经常可以感到运气的作用，这一点几乎每个彩民都有体会。那么，运气到底是什么？从现象上来看，彩市博弈具有概率性质，这就决定了不管人计算得多么深，总会有一些计算不到的变化。这些已经超越了人凭借智力所能把握的范围，只能靠运气。除了市场方面的不可预见因素外，人的主观方面也存在一些不可控制因素。很多问题都是可以通过主观努力克服的，但参与彩票市场的实战就会发现，在人的决策过程中，任何一个环节都不像理论设想的那么坚固，人可能在任何一个环节出问题，而且不可能靠主观努力完全避免，要避免某些问题只能靠运气。

在普通彩民看来，对这些不可预测、不可控制的因素，已经没有办法可想，大家能做的是把可计算、可把握的方面尽量做好，而那些不可把握的方面则只能听天由命了。所谓"尽人事，听天命"就是这样一种思路。就像彩民买彩票选号的时候尽最大的努力去思考筹划，一旦买完彩票后，就要抱着"为福利事业做点贡献"的平常心等待好运气上门。

从直觉和运气的角度分析完"心水码"，大家就要明白心水码选号的方法用在确定结果的最后一步上比较完美，此方法可以调整推演出来的号码数量与计划购买的号码数量之间的偏差。

通过对上述四种"杀号"方法的多维度分析，彩民在使用过程中可以根据自己的实际情况进行加减，实现效率最大化。

# 第十四章  复式分解

当彩民买入的单票注数相当大时，"庄家"会觉察出来，进而单独针对这个彩民"做局"。彩民为了"反做局"，就需要用"杨辉三角形"的图论原理，把单注数量大的复式彩票拆分成多张单注数量小的彩票，分散到多家彩票站点来购买，实现"藏"的目的。

"杨辉三角形"是二项式系数在三角形中的一种几何排列。与"杨辉三角形"联系最紧密的是二项式乘方展开式的系数规律，即二项式定理。二项式定理与"杨辉三角形"是一对天然的数形趣遇，它把数形结合带进了计算数学中。求二项式展开式系数的问题，实际上是一种组合数的计算问题。用系数通项公式来计算，称为"式算"；用"杨辉三角形"来计算，称为"图算"。"图算"简单易学，更容易让彩民理解并运用。

当我们选好的复选票包含的号码很多时，单票金额会很大，用一张票去购买很容易暴露自己。这时，就要将这张彩票分解成多张，进而去多个地方进行购买，实现"跟庄"的目的，让中奖的概率实现理想的最大化。"庄家"搞派彩活动时，多一张票就多一个"薅羊毛"的机会，这时也需要把这张彩票分解成多张。

具体怎样分解，我们以双色球为例进行解说，看双色球红号的全复式分解过程。具体如表 15 所示。

用上面"杨辉三角形"的图论方法，以此类推，可以一直推演下去。但在现实的使用中，需根据购买彩票的实际数量进行推演。我们将推演出来的数据，以十二个球（1~12）为例列出各种分解关系式：

（1）（全复式 N）=［胆 1 拖（N−1）］+［全复式（N−1）］，表中（全复式12）结果如下：

表15 复式分解

- 复式12
  - 1拖11
    - 1拖10
      - 1拖9
        - 1拖8
          - 1拖7
          - 2拖7
        - 2拖8
          - 2拖7
          - 3拖7
      - 2拖9
        - 2拖8
          - 2拖7
          - 3拖7
        - 3拖8
          - 3拖7
          - 4拖7
    - 2拖10
      - 2拖9
        - 2拖8
          - 2拖7
          - 3拖7
        - 3拖8
          - 3拖7
          - 4拖7
      - 3拖9
        - 3拖8
          - 3拖7
          - 4拖7
        - 4拖8
          - 4拖7
          - 5拖7
  - 复式11
    - 1拖10
      - 1拖9
        - 1拖8
          - 1拖7
          - 2拖7
        - 2拖8
          - 2拖7
          - 3拖7
      - 2拖9
        - 2拖8
          - 2拖7
          - 3拖7
        - 3拖8
          - 3拖7
          - 4拖7
    - 复式10
      - 1拖9
        - 1拖8
          - 1拖7
          - 2拖7
        - 2拖8
          - 2拖7
          - 3拖7
      - 复式9
        - 1拖8
          - 1拖7
          - 2拖7
        - 复式8
          - 1拖7
          - 复式7

〔全复式（1，2，3，4，5，6，7，8，9，10，11，12）〕＝

〔胆（1）拖（2，3，4，5，6，7，8，9，10，11，12）〕＋

〔全复式（2，3，4，5，6，7，8，9，10，11，12）〕

（2）（胆1拖N）＝〔胆1拖（N–1）〕＋〔胆2拖（N–1）〕，表中（胆1拖11）结果如下：

〔胆（1）拖（2，3，4，5，6，7，8，9，10，11，12）〕＝

〔胆（1）拖（3，4，5，6，7，8，9，10，11，12）〕＋

〔胆（1，2）拖（3，4，5，6，7，8，9，10，11，12）〕

（3）（胆2拖N）＝〔胆2拖（N–1）〕＋〔胆3拖（N–1）〕，表中（胆2拖10）结果如下：

〔胆（1，2）拖（3，4，5，6，7，8，9，10，11，12）〕＝

〔胆（1，2）拖（4，5，6，7，8，9，10，11，12）〕＋

〔胆（1，2，3）拖（4，5，6，7，8，9，10，11，12）〕

（4）（胆3拖N）＝〔胆3拖（N–1）〕＋〔胆4拖（N–1）〕，表中（胆3拖9）结果如下：

〔胆（1，2，3）拖（4，5，6，7，8，9，10，11，12）〕＝

〔胆（1，2，3）拖（5，6，7，8，9，10，11，12）〕＋

〔胆（1，2，3，4）拖（5，6，7，8，9，10，11，12）〕

（5）（胆4拖N）＝〔胆4拖（N–1）〕＋〔胆5拖（N–1）〕，表中（胆4拖8）结果如下：

〔胆（1，2，3，4）拖（5，6，7，8，9，10，11，12）〕＝

〔胆（1，2，3，4）拖（6，7，8，9，10，11，12）〕＋

〔胆（1，2，3，4，5）拖（6，7，8，9，10，11，12）〕

（6）（胆5拖N）＝〔（胆5拖X）＋（胆5拖Y），（X＋Y＝N）〕，表中（胆5拖7）的彩票设X＝3，则计算出Y＝4，最后结果如下：

〔胆（1，2，3，4，5）拖（6，7，8，9，10，11，12）〕＝

〔胆（1，2，3，4，5）拖（6，7，8）〕＋

〔胆（1，2，3，4，5）拖（9，10，11，12）〕

以上 6 个分解关系式涵盖了双色球"复式分解"的全部拆分方法。其中第六个关系式中，每注红号总计购买 6 个，当胆码增加到 5 个的时候，拖码是几个就是几注单式票，彩民根据派彩的规则自由组合号码收取额外的奖励即可。例如，某年双色球出过奖励政策：单张彩票的金额达到 20 元，即可参与现金抽奖活动。

另外，双色球单独中 4 个红号才能有奖，当推演到胆号为 3 个的时候，拖码中的所有号码不会有 4 个号码同时出现在一注里的情形，不会出现重复的中小奖的号码，实现了中大奖概率的最大化。同时，在没有需要分开站点进行购买或者能够参加额外活动的情况下，这个胆拖票就不需要继续分解了。

# 第十五章　时空等价

时空等价的含义在物理学中已经得到了证明，《易经》也强调时空等价的重要性，但是深奥难懂的专有名词我们难以接受。现在用一个小事件来形容，就会理解得相当透彻。

假设你在一个广袤的沙滩上行走，你会看到海水冲刷沙滩后留下的波浪一样的轮廓线。这时细心的你会发现：同一个时间点的海滩上的轮廓线，与同一个海滩地点的一段时间内的轮廓线是一模一样的。这个现象就是时空等价。

时空等价的原理可以在彩民购买彩票的实际行动中得到运用，目的是为了"藏"。当我们推算好需要购买的彩票后，会有单张彩票的注数特别大的情况，这时我们把这个彩票拆分为多张彩票后，可以去多家彩票站点进行购买，也可以组织伙伴在不同的地区合买。如果多家彩票站点的条件不具备，按照时空等价的原理，可以在仅有的几个人气比较旺的彩票站点分多个时间点来进行彩票购买。

# 第十六章 公理系统

首先要明白什么是"公理系统"。

数学上,一个"公理系统"(或者称为"公理化系统""公理体系""公理化体系")是众多公理的集合。

数学上的专有名词过于晦涩难懂,我们以大家熟悉的"欧氏几何"为例来说明:①任意两个点可以通过一条直线连接。②任意线段能无限延伸成一条直线。③给定任意线段,可以以其一个端点作为圆心,该线段作为半径作一个圆。④所有直角都全等。⑤若两条直线都与第三条直线相交,并且在同一边的内角之和小于两个直角,则这两条直线在这一边必定相交。

从上面5个公理可以得到欧几里得几何学。有人不认可第五条公理,并且修改后得到了"非欧几何学"。

还有好多其他的"公理系统",如利用牛顿三定律,可以建立"牛顿力学";"皮亚诺公理系统"等。

明白了"公理系统",就可以建立彩票的"公理系统"。具体如下:

(1)彩票号码的出现具有"阶段周期"的特性。

(2)彩票的出奖的"大小"受奖池控制。例如,当奖池的资金少时,"庄家"不出大奖只出小奖,累积奖池资金,保证"游戏"能够持续运行下去。

(3)彩票的出奖的"数量多少"受返奖率控制。例如,彩民中的总奖金小于等于彩票的销售额与返奖率的积。

(4)彩票出"大奖"的"地域"受"庄家"控制。例如,当某个彩票站的销量很大,需要激励一下时,给这个彩票站一个大奖;当某个行政区域的间断销售额很大时,需要奖励这个行政区域,可以给这个区域出个大奖。

(5)彩票出奖的"时间"受"庄家"控制。例如,当奖池的资金不断增大，明显地出现"违背常理"的现象时，"庄家"要平衡广大彩民的心情，组织派彩活动，或者逢年过节的时候，组织派彩活动。

（6）彩票的出大奖的具体结果，受"庄家"控制，并且在"理想状态"下呈现概率上的随机分布。例如，当某个彩票站频繁地出现大奖，明显出现"违背常理"的现象时，要进行控制；当某个区域频繁地出现大奖，明显出现"违背常理"的现象时，要进行控制。

建立好了彩票的"公理系统"，彩民可以根据这些公理进行逻辑推理，用数学的方法进行"博运道"。对于以上 6 条彩票公理，读者不想认可哪条，可以自行变更和加减，确立自己的公理系统。

# 下部　双色球

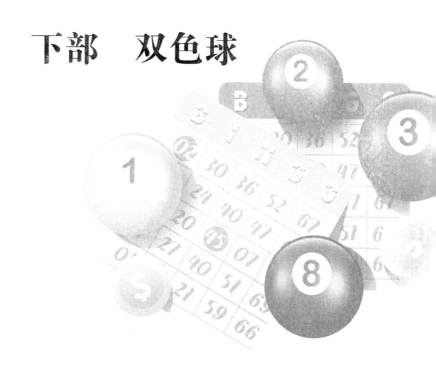

# 第一章　计划

《孙子兵法》用《始计篇》来作为全书的开头，充分证明了计划在一个事件中的重要性。作为彩民，我们在玩彩票游戏的时候，也要有个明确的计划。具体如下：

## 一、计划买哪一种彩票

根据彩票市场销售额的多少、销售区域盘子的大小，按照"藏"的理论，即"盘子越大，彩民越不容易被'庄家'发现"的原则和中奖概率最大的原则，彩民最应该选择购买双色球。

## 二、计划追号买多少期

根据双色球的最大中奖概率（十六分之一），彩民可以给"赌徒不败定理"加个"止损"的周期条件，做如下计划：彩民连续买入十六期双色球的蓝号（即追蓝号），必然会中蓝号奖。从另一个角度来说，就是在"理想状态"下的一个"概率周期"（十六期）中，必然会中一次最小奖（即中蓝号）。我们以双色球操作数列1（见表3）进行模拟运作。

表3中，第十六期的数据是一个"理想周期"下的操作数列和对应的数据变化，第二十五期的数据是实际周期下需要强行止损时的操作数列和对应的数据变化。

在追号的过程中，当期红号中奖得到的意外奖大于当期累计投入的资金时，"薅羊毛"成功，需要结束这一轮周期的游戏。

当一个周期运行下来，蓝号没有出现，并且红号所中得的意外奖也没有大于累计投入的资金时，需要强行止损而结束游戏。

## 三、计划投入多少资金

根据"大衍数列"理论，可以推导出彩民购买"理想周期"下的连续十六期的双色球的"操作数列"是：1，1，2，3，5，8，14，23，38，64，106，177，295，492，820，1366。经过对连续十六期双色球的"操作数列"进行累计求和运算，彩民可以计算出计划投入的资金是6830元。

## 四、计划"杀号"方案

彩民在预测"阶段周期"的蓝号最大可能会出现哪一个号码时，"杀号"有许多"指标"可以选择，如"奇偶""大小""质合""重号""遗漏""心水号""冷热"等。蓝号是用来保本的，可以选用统计特性较强的"遗漏"指标进行"守号"，一直守到蓝号出现，实现一个周期的保本运行。

红号是用来"博运道"、获取意外收入的，在守红号的同时，也可以使用3个"互不相容"的指标"重号个数""奇偶比例""大小比例"为主要"杀号"指标，"心水号"作为最后区分相同条件下的可用号码的辅助"杀号"指标，用来进行这一期的"杀号"过程的运行。

## 五、计划什么时间、什么地点买

根据"博弈论"的观点，彩民和"庄家"之间是动态博弈，彩民和彩民之间是静态博弈。按照"彩票市场公理系统"来讲，彩民要针对"庄家"的目的进行"趋势操作"，寻找"人气旺"的彩票站点进行购买；同时也要实现"藏"的目的，将一张大额的彩票分解成多张小额的彩票在多个站点进行购买。所以，彩民要按照"五行八卦"的方位，在不同的地方购买彩票；也可以根据"时空等价"的原理，在同一家彩站分不同的时间进行彩票购买。

计划已经做好，需要彩民严格按照计划去落实，把"知行合一"运用到极致。

# 第二章  结网捕鱼

游戏开始。

首先，要确定买入的蓝号。从这一期开始，蓝号要用"遗漏"指标来进行分析。根据十六个蓝号的出号规律，对它们的历史"遗漏"情况进行统计分析，选择出近期最大概率会出现的蓝号进行"追号"。一直"追号"至在"理想状态"下的"概率周期"中蓝号出现为止，同时结束游戏。

其次，要确定买入红号首选的一个"第一指标"方法。在彩票的出号规律的统计分析中，描述红号的出号规律的"指标"更多、更加繁杂，如"奇偶""连号""跨度""和值""斜连号""重号"等。彩民可以根据自己的实际情况选择最好的一个，即用能够暗合"80/20 法则"的"第一指标方法"进行"筛法"过滤，一直过滤到这注号码确定下来为止。

从第一期开始，红号的追号思路是：要以"前一期的六个红号都不会出现"的指标（即重号数量等于 0）为"杀号"的"第一指标"，"杀"去已经出过的 6 个号码，剩余的 27 个号码用"奇偶比例""大小比例"和"心水号""杀号"方法进行选号。

为了方便理解整个操作过程，我们以"欲出概率"为标准对每一期购买的 27 个红球号码进行"编码"：把"欲出概率"最大的红球号码编码为 1，"欲出概率"次大的红球号码编码为 2……以此类推，"欲出概率"最小的红球号码编码为 27。等到推演完成后，把对应红球编码的实际红球号码代入推演结果就可以看到自己需要购买的具体号码，整个"译码"过程就此完成。

红球号码具体要追的"编码"号码确定好以后，以后的每一期都要包含这 6 个号码，中奖号码里出现这 6 个号码中的某个号码时，才可以用新的号码把它顶替出去。

## 一、第一期一注

按照计划，红号第一期买入：

（1，2，3，4，5，6）

彩民要在自己心情愉悦的时间点，寻找身边"人气最旺"的那家彩票站，买入这一注确定好的彩票。

## 二、第二期一注

首先，查看上一期的蓝号有没有中奖；查看红号的意外奖所得有没有大于累计的投入。

如果蓝号中奖，或者红号的意外奖的奖金大于累计的投入，那么在这个"理想状态"下的"概率周期"中，已经实现中奖保本和"薅羊毛"的目的，要重新开始一个"理想状态"下的"概率周期"。如果蓝号和红号都没有中奖，那么，蓝号已经确定，要一直追下去，实现用蓝号"保本"的初衷。

以后的每一期蓝号中奖后，都要结束这一轮的"理想状态"下的"概率周期"的运作，此处不再赘述。从本期开始，只讨论红号中得的意外奖小于累计投入的本金时的"结网捕鱼"过程。

其次，彩民根据出奖的红号对比前一期已经购买的彩票，将已经中了的红号剔除出去，剩余的红号作为本期的"胆码"备用。同时彩民思路不变，继续使用"追"红号已经确定好的"重号等于0"的"第一指标"方法，运用"奇偶比例""大小比例"和"心水号"三个指标对剩余的27个号码进行"杀号"，选择合适号码与留下的"胆码"组成一注号码，即是这一期要买的号码。因重号等于0，所以红号继续买入：

（1，2，3，4，5，6）

最后，把确定好的这一期的这一注号码，从人气旺的彩票站买入。

## 三、第三期二注

首先，确定第一注号码。"杀掉"已经出过的6个号码，从剩余27个红号中，守住当期未出过的红号，并且按照前一期使用的"其他指标"（"奇偶""大小"和"心水号"）的老办法选出剩余的号码，组成第一注号码。假设重号等于0，那么买入第一注：

（1，2，3，4，5，6）

其次，确定第二注号码。彩民在运用传统决定论中的"最小最大定理"准则的基础上，再按照"二分法"的原则，在剩余的21个红号中继续使用与"其他指标"方法（"奇偶""大小"和"心水号"）互不相关的办法选出6个号码，组成第二注号码。假设买入：

（7，8，9，10，11，12）

最后，把确定好的这一期的这两注号码，从人气旺的彩票站买入。

## 四、第四期三注

首先，用第三期的方法（"奇偶""大小"和"心水号"）确定红号。彩民在剩余的27个号码中，结合相应的"最小最大定理"和"二分法"的原则，筛选出三注号码。假设买入：

（1，2，3，4，5，6）

（7，8，9，10，11，12）

（13，14，15，16，17，18）

其次，把确定好的这一期的这三注号码，从一个或多个人气旺的彩票站买入。

## 五、第五期五注

首先，用第三期的方法（"奇偶""大小"和"心水号"）确定红号。彩民在剩余的27个号码中，结合相应的"最小最大定理"和"二分法"的原则，筛选出四注号码。假设买入：

（1，2，3，4，5，6）

（7，8，9，10，11，12）

（13，14，15，16，17，18）

（19，20，21，22，23，24）

其次，确定第五注号码。彩民选用最后剩下的三个号码（25，26，27），再从前面的四组号码中均匀（使用"奇偶""大小"和"心水号"）抽取出三个号码组成第五注：

（25，26，27，1，8，15）

最后，经过这样的筛选组合，五注号码呈现出"结网捕鱼"的态势，27个号码全部被使用并围成了一个"圆"，形成了一个像抓网一样的"鱼网"的底边。把确定好的这一期的这五注号码，从一个或多个人气旺的彩票站买入。

## 六、第六期八注

首先，用第五期的方法确定五注红号，即彩民在剩余的27个号码中，结合"最小最大定理"和"二分法"的原则，筛选出五注号码，组成"结网捕鱼"模式的"渔网"的底边。假设买入以下五注：

（1，2，3，4，5，6）

（7，8，9，10，11，12）

（13，14，15，16，17，18）

（19，20，21，22，23，24）

（25，26，27，1，8，15）

其次，确定剩余的三注号码。彩民根据"最小最大定理"，假设前面的五注号码中没有出现"独立的红号最小奖"，那么，按照"河图洛书"的平衡原理，从前面五期组成的"渔网"的底边中推衍出三注号码：

（2，9，16，23，15，25）

（3，10，17，24，26，19）

（4，11，18，27，20，13）

至此，"抓网"的"抓手"也就形成。

最后，把确定好的这一期的这八注号码，从一个或多个人气比较旺的彩票站买入。

## 七、第七期十四注

首先，用第五期的方法确定五注红号，即彩民在剩余的 27 个号码中，结合"最小最大定理"和"二分法"原则，筛选出五注号码，组成"结网捕鱼"模式。如下：

（1，2，3，4，5，6）

（7，8，9，10，11，12）

（13，14，15，16，17，18）

（19，20，21，22，23，24）

（25，26，27，1，8，15）

其次，再确定五注号码。彩民将前面确定的五注号码排列成的"渔网底边"的每注号码进行一分为二的旋转，得到另外的五注号码。如下：

（1，2，3，1，8，15）

（7，8，9，4，5，6）

（13，14，15，10，11，12）

（19，20，21，16，17，18）

（25，26，27，22，23，24）

再次，确定剩余的四注号码。彩民用"河图洛书"的平衡原理，从前面几期组成的"渔网底边"中推衍出四注号码，制作"捕鱼"的"抓网手柄"。如下：

（2，9，16，23，15，25）

（3，10，17，24，26，19）

（4，11，18，27，20，13）

（5，12，1，21，14，7）

最后，把确定好的这一期的这十四注号码，从多个人气比较旺的彩票站买入。

## 八、第八期二十三注

从本期开始，随着购买注数的增多，以前的老办法操作起来难度越来越大，落实到具体的行动中会有诸多不便。故而引入"复式票"对"渔网"的"网孔"进行加大密度的操作（见表16）。

**表 16　双色球红号全复式查询**

| 红复 | 数量（注） | 价格（元） |
|---|---|---|
| 7 | 7 | 14 |
| 8 | 28 | 56 |
| 9 | 84 | 168 |
| 10 | 210 | 420 |
| 11 | 462 | 924 |
| 12 | 924 | 1848 |
| 13 | 1716 | 3432 |
| 14 | 3003 | 6006 |
| 15 | 5005 | 10010 |
| 16 | 8008 | 16016 |
| 17 | 12376 | 24752 |
| 18 | 18564 | 37128 |
| 19 | 27132 | 54264 |
| 20 | 38760 | 77520 |
| 21 | 54264 | 108528 |
| 22 | 74613 | 149226 |
| 23 | 100947 | 201894 |
| 24 | 134596 | 269192 |
| 25 | 177100 | 354200 |
| 26 | 230230 | 460460 |
| 27 | 296010 | 592020 |
| 28 | 376740 | 753480 |

| 红复 | 数量（注） | 价格（元） |
|---|---|---|
| 29 | 475020 | 950040 |
| 30 | 593775 | 1187550 |
| 31 | 736281 | 1472562 |
| 32 | 906192 | 1812384 |
| 33 | 1107568 | 2215136 |

　　首先，查询表16，确定三张包含七个红号号码的"七加一"复式票，共计二十一注号码。彩民根据概率的"乘法原理"，可以寻找到与"第一指标"方法（即重号等于0）在概率上"完全不相关"的"其他指标"方法（即"奇偶""大小"和"心水号"），在剩余的二十七个号码中选择七个号码组成一注复式号码，即为一张复式票。接下来彩民再运用"最小最大定理"和"二分法"原则，在剩余的二十个红号中，继续使用"其他指标"方法（即"奇偶""大小"和"心水号"）选出十四个号码，组成第二张和第三张"七加一"的复式票。如下：

　　（1，2，3，4，5，6，7）

　　（8，9，10，11，12，13，14）

　　（15，16，17，18，19，20，21）

　　其次，确定剩余的两注号码。利用余下的六个号码，通过"河图洛书"的平衡原理推演出两注号码。如下：

　　（22，23，24，1，9，17）

　　（2，10，18，25，26，27）

　　最后，彩民制作好了比以前更加细密的"鱼网"的底边。这一期的这四张复式票，合计二十三注号码，从三四个人气比较旺的彩票站买入。

## 九、第九期三十八注

　　首先，用第八期的方法确定四张"七加一"复式彩票，共计二十八注号码。其中第四张的红色号码不够七个号码，要在前三张复式彩票的号码中选一个"心水号"补足。如下：

（1，2，3，4，5，6，7）

（8，9，10，11，12，13，14）

（15，16，17，18，19，20，21）

（22，23，24，25，26，27，18）

其次，确定剩余的十注号码。彩民根据"最小最大定理"，假设前面的四张"七加一"复式彩票的号码中没有出现"独立的红号最小奖"（即五等奖4+0），那么，剩余的号码可以按照"河图洛书"的平衡原理与"其他指标"方法（即"奇偶""大小"和"心水号"）综合推演出来。

再次，查询表17。

表17　双色球红号"胆拖"查询

| 红胆1拖 | 注数 | 红胆2拖 | 注数 | 红胆3拖 | 注数 | 红胆4拖 | 注数 | 红胆5拖 | 注数 |
|---|---|---|---|---|---|---|---|---|---|
| 5 | 1 | 4 | 1 | 3 | 1 | 2 | 1 | 1 | 1 |
| 6 | 6 | 5 | 5 | 4 | 4 | 3 | 3 | 2 | 2 |
| 7 | 21 | 6 | 15 | 5 | 10 | 4 | 6 | 3 | 3 |
| 8 | 56 | 7 | 35 | 6 | 20 | 5 | 10 | 4 | 4 |
| 9 | 126 | 8 | 70 | 7 | 35 | 6 | 15 | 5 | 5 |
| 10 | 252 | 9 | 126 | 8 | 56 | 7 | 21 | 6 | 6 |
| 11 | 462 | 10 | 210 | 9 | 84 | 8 | 28 | 7 | 7 |
| 12 | 792 | 11 | 330 | 10 | 120 | 9 | 36 | 8 | 8 |
| 13 | 1287 | 12 | 495 | 11 | 165 | 10 | 45 | 9 | 9 |
| 14 | 2002 | 13 | 715 | 12 | 220 | 11 | 55 | 10 | 10 |
| 15 | 3003 | 14 | 1001 | 13 | 286 | 12 | 66 | 11 | 11 |
| 16 | 4368 | 15 | 1365 | 14 | 364 | 13 | 78 | 12 | 12 |
| 17 | 6188 | 16 | 1820 | 15 | 455 | 14 | 91 | 13 | 13 |
| 18 | 8568 | 17 | 2380 | 16 | 560 | 15 | 105 | 14 | 14 |
| 19 | 11628 | 18 | 3060 | 17 | 680 | 16 | 120 | 15 | 15 |

续表

| 红胆1拖 | 注数 | 红胆2拖 | 注数 | 红胆3拖 | 注数 | 红胆4拖 | 注数 | 红胆5拖 | 注数 |
|---|---|---|---|---|---|---|---|---|---|
| 20 | 15504 | 19 | 3876 | 18 | 816 | 17 | 136 | 16 | 16 |
| 21 | 20349 | 20 | 4845 | 19 | 969 | 18 | 153 | 17 | 17 |
| 22 | 26334 | 21 | 5985 | 20 | 1140 | 19 | 171 | 18 | 18 |
| 23 | 33649 | 22 | 7315 | 21 | 1330 | 20 | 190 | 19 | 19 |
| 24 | 42504 | 23 | 8855 | 22 | 1540 | 21 | 210 | 20 | 20 |
| 25 | 53130 | 24 | 10626 | 23 | 1771 | 22 | 231 | 21 | 21 |
| 26 | 65780 | 25 | 12650 | 24 | 2024 | 23 | 253 | 22 | 22 |
| 27 | 80730 | 26 | 14950 | 25 | 2300 | 24 | 276 | 23 | 23 |
| 28 | 98280 | 27 | 17550 | 26 | 2600 | 25 | 300 | 24 | 24 |
| 29 | 118755 | 28 | 20475 | 27 | 2925 | 26 | 325 | 25 | 25 |
| 30 | 142506 | 29 | 23751 | 28 | 3276 | 27 | 351 | 26 | 26 |
| 31 | 169911 | 30 | 27405 | 29 | 3654 | 28 | 378 | 27 | 27 |
| 32 | 201376 | 31 | 31465 | 30 | 4060 | 29 | 406 | 28 | 28 |

从前面四张"七加一"的复式彩票组成的"渔网"中推衍出一张"胆三拖五"的"胆拖"复式彩票：

胆（18，8，5）+拖（23，25，15，12，3）

至此，"捕鱼"的"抓网"全部已经形成。

最后，把确定好的这一期的这五张复式彩票，按照"河图"的方位，从五个人气比较旺的彩票站买入。

## 十、第十期六十四注

首先，用第八期的方法确定二张"八加一"复式票，合计五十六注号码。如下：

（1，2，3，4，5，6，7，8）

（9，10，11，12，13，14，15，16）

其次，彩民运用"最小最大定理"和"二分法"相结合的原则的老方法，确定一张"七加一"复式票，合计七注号码。如下：

（17，18，19，20，21，22，23）

再次，确定最后一注号码。彩民用剩余的四个号码和前面三张复式彩票中选出的两个"心水码"组成一注，完成"鱼网"的编织。如下：

（24，25，26，27，8，12）

最后，把确定好的这一期的这四张复式彩票，按照河图的方位，从四个人气比较旺的彩票站买入。

## 十一、第十一期一百零六注

首先，查询表16，用第八期的方法确定三张"八加一"复式票，合计八十四注号码。如下：

（1，2，3，4，5，6，7，8）

（9，10，11，12，13，14，15，16）

（17，18，19，20，21，22，23，24）

其次，查询表17，用第八期的方法确定一张"胆一拖七"的复式票，合计二十一注号码。"胆码"用二十七个号码中的"心水码"；"拖码"选剩下的三个号码，再按照"河图洛书"的平衡原理，从前面三张"八加一"的复式票中选出四个号码，组成七个"拖码"。如下：

胆（18）+拖（25，26，27，5，8，12，15）

再次，确定最后一注。彩民按照"河图洛书"的平衡原理，从前面四张复式票中选出六个号码组成一注号码：

（3，7，10，14，23，26）

最后，把确定好的这一期的这些彩票，按照河图的方位，从几个人气比较旺的彩票站买入。

## 十二、第十二期一百七十七注

首先，查询表16，用第八期的方法确定二张"九加一"的全复式票，合计一百六十八注号码。如下：

（1，2，3，4，5，6，7，8，9）

（10，11，12，13，14，15，16，17，18）

其次，查询表16，用第八期的方法确定一张"七加一"的复式票，合计七注号码。如下：

（19，20，21，22，23，24，25）

再次，确定最后两注。彩民按照"河图洛书"的平衡原理，用剩余的两个号码和前面的三张复式票推衍出两注号码。如下：

（26，27，1，11，21，6）

（26，27，2，12，22，16）

最后，把确定好的这一期的这些彩票，按照河图的方位，从几个人气比较旺的彩票站买入。

## 十三、第十三期二百九十五注

首先，确定两张复式彩票。查询表16，用第八期的方法确定一个"十加一"的复式投注，合计二百一十注号码。如下：

（1，2，3，4，5，6，7，8，9，10）

同时，彩民要运用"杨辉三角形"原理，将这一个"十加一"的复式投注拆分为一张"九加一"的复式票和一张红号"胆一拖九"的"胆拖"复式票。如下：

胆（1）拖（2，3，4，5，6，7，8，9，10）

全复式（2，3，4，5，6，7，8，9，10）

其次，确定第三张彩票。彩民继续查询表16，用第八期的方法确定一张"九加一"的复式票，合计八十四注号码。如下：

全复式（11，12，13，14，15，16，17，18，19）

再次，确定最后一注。彩民用第二期的方法，从剩余的八个号码中选出六个号码组成最后一注：

（20，21，22，23，24，25）

最后，把确定好的这一期的这些彩票，按照河图的方位和"时空等价"的原理，从几个人气比较旺的彩票站买入。

## 十四、第十四期四百九十二注

首先，确定四张复式彩票。彩民查询表16，用第八期的方法确定两个"十加一"的复式投注，合计四百二十注号码。如下：

（1，2，3，4，5，6，7，8，9，10）

（11，12，13，14，15，16，17，18，19，20）

同时，彩民要运用"杨辉三角形"的原理，将这两个"十加一"的复式投注拆分为两张"九加一"的复式票和两张红号"胆一拖九"的"胆拖"复式票。如下：

胆（1）拖（2，3，4，5，6，7，8，9，10）

胆（11）拖（12，13，14，15，16，17，18，19，20）

全复式（2，3，4，5，6，7，8，9，10）

全复式（12，13，14，15，16，17，18，19，20）

其次，确定第五张彩票。彩民查询表17，组成一张"胆二拖八"的复式票，合计七十注。彩民在剩余下的七个号码中选出两个"胆号"，用前面已经使用过的二十个号码中选出的三个"心水码"和剩余的五个号码组成"拖号"，结合成一张"胆二拖八"的复式票。如下：

胆（21，22）拖（23，24，25，26，27，8，18，3）

再次，确定最后二注。彩民继续用"河图洛书"的平衡原理，从前面五张彩票组成的"渔网底边"中推衍出两注号码，制作"捕鱼"的"抓网手柄"。如下：

（1，2，4，17，19，20）

（11，12，13，7，9，10）

最后，把确定好的这一期的这些彩票，按照河图的方位和"时空等价"的原理，从几个人气比较旺的彩票站买入。

## 十五、第十五期八百二十注

首先，确定四张复式彩票。彩民查询表16，用第八期的方法确定一个"十一加一"的复式投注，合计四百六十二注号码。如下：

（1，2，3，4，5，6，7，8，9，10，11）

同时，彩民要运用"杨辉三角形"的原理，将这一个"十一加一"的复式投注拆分为一张红号"胆二拖九"的"胆拖"复式票、二张红号"胆一拖九"的"胆拖"复式票和一张"九加一"的全复式票，合计四张复式彩票。如下：

胆（1）拖（3，4，5，6，7，8，9，10，11）

胆（1，2）拖（3，4，5，6，7，8，9，10，11）

胆（2）拖（3，4，5，6，7，8，9，10，11）

全复式（3，4，5，6，7，8，9，10，11）

其次，确定二张复式彩票。彩民查询表16，用第八期的方法确定一个"十加一"的复式投注，合计二百一十注号码。如下：

（12，13，14，15，16，17，18，19，20，21）

同时，彩民要用"杨辉三角形"的原理，将这一个"十加一"的复式投注拆分为一张"九加一"的全复式票和一张红号"胆一拖九"的"胆拖"复式票，合计二张复式彩票。如下：

胆（12）拖（13，14，15，16，17，18，19，20，21）

全复式（13，14，15，16，17，18，19，20，21）

再次，确定二张复式彩票。

彩民查询表17，运用"最小最大定理"和"二分法"原则，在剩余的六个号码中选一个"心水号"作"胆"，在前面选好的二个复式投注中选四个号码，组成一张"胆一拖九"的复式票，合计一百二十六注。如下：

胆（22）拖（23，24，25，26，27，1，2，14，15）

继续查询表17，运用"最小最大定理"和"二分法"原则，在剩余的六个号码中选另一个"心水号"作"胆"，在前面选好的二个复式投注中选另外七个号码，组成一张"胆一拖七"的复式票，合计二十一注。如下：

胆（23）拖（24，3，4，5，16，17，18）

最后，确定最后一张彩票。在最后剩余下的六个号码去掉两个用过的"胆码"，剩余四个号码作胆，再从（11+1）票和（10+1）票中提取两个号码，合计六个号码作为一注单独出票，如下：

（25，26，27，6，7，19）

把确定好的这一期的这些彩票，按照河图的方位和"时空等价"的原理，从几个人气比较旺的彩票站买入。

## 十六、第十六期一千三百六十六注

首先，确定八张复式彩票。彩民用第八期的方法确定一个"十二加一"的复式投注，合计九百二十四注号码。查询表16和表17，结合"最小最大定理"和"二分法"原则，得到如下号码：

（1，2，3，4，5，6，7，8，9，10，11，12）

同时，彩民要运用"杨辉三角形"的原理，将这一个"十二加一"的复式投注拆分为七张红号的"胆拖"复式票和一张全复式彩票。如下：

胆（1）拖（4，5，6，7，8，9，10，11，12）

胆（1，3）拖（4，5，6，7，8，9，10，11，12）

胆（1，2）拖（4，5，6，7，8，9，10，11，12）

胆（1，2，3）拖（4，5，6，7，8，9，10，11，12）

胆（2）拖（4，5，6，7，8，9，10，11，12）

胆（2，3）拖（4，5，6，7，8，9，10，11，12）

胆（3）拖（4，5，6，7，8，9，10，11，12）

全复式（4，5，6，7，8，9，10，11，12）

其次，确定四张复式彩票。彩民用第八期的方法确定两个"十加一"的复式投注，合计四百二十注号码。查询表16和表17，结合"河图洛书"的平衡原理、"最小最大定理"和"二分法"原则，得到如下号码：

（13，14，15，16，17，18，19，20，21，22）

（23，24，25，26，27，1，2，3，13，14）

同时，彩民要用"杨辉三角形"的原理，将这两个"十加一"的复式投注拆分为两张"九加一"的复式票和两张红号"胆一拖九"的"胆拖"复式票，合计四张复式彩票。如下：

胆（13）拖（14，15，16，17，18，19，20，21，22）

胆（23）拖（24，25，26，27，1，2，3，13，14）

全复式（14，15，16，17，18，19，20，21，22）

全复式（24，25，26，27，1，2，3，13，14）

再次，确定一张复式彩票。彩民查询表17，应用"最小最大定理"和"二分法"原则，在二十七个号码中，结合"河图洛书"的平衡原理，从前面彩票组成的"渔网底边"中推衍出一注"胆一拖七"的号码，制作"捕鱼"的"抓网手柄"，合计二十一注号码。如下：

胆（24）拖（4，5，6，15，16，17，26）

最后，确定最后一注号码。彩民运用"最小最大定理"和"二分法"原则，结合"河图洛书"的平衡原理，根据概率的"乘法原理"，选出一注与前面的彩票号码"互不相关"的"心水码"，对"捕鱼"的"抓网手柄"进行有效的补充。如下：

（7，8，9，18，19，27）

将确定好的这一期的这些彩票，按照"河图"的方位和"时空等价"的原理，从几个人气比较旺的彩票站买入。

至此，一个完整的"结网捕鱼"过程就全部完成了。如果蓝号没有中奖，需要止损而结束游戏；如果累计中得的意外奖不少于累计投入的资金，那么"薅羊毛"成功，结束游戏；如果侥幸获得成功，中了一等奖，记得"金盆洗手，退出江湖"。

# 第三章　结束

经过"理想状态"下的一个"概率周期"（十六期）的运作，彩民最终中了最小奖（即中蓝号）。

下面来查看一下中奖情况。

首先，蓝号中奖，收获"基本奖"。彩民在运作十六期的过程中，查询表2可以得出：在连续买入的情况下，蓝号最终会出现，此时彩票中奖，这个只中"蓝号奖"的情况可以称为运作过程中的"基本奖"。

连续运作十六期后中奖的"基本奖"的奖金：1366×5=6830（元）。

运作十六期累计买入注数：1+1+2+3+5+8+14+23+38+64+106+177+295+492+820+1366=3415（注）。

运作十六期累计投入本金：3415×2=6830（元）。

经过比较得出：蓝号中得的"基本奖"的奖金和投入的本金持平。

其次，在保证本金的情况下，有"意外奖"出现。彩民在运作连续十六期的过程中，查询表2可以得出：在未中蓝号的情况下，有单独中"红号奖"的情况出现，这些情况可以称为运作过程中的"意外奖"。有了这个"意外奖"的出现，彩民可以用最小的本金，在"理想状态"下的一个"概率周期"中"薅羊毛"。

连续运作十六期的"意外奖"的奖金具体是多少？这个不能计算，但是能中多少注"红号奖"，这个值在概率上有结果。具体到某个彩民"薅羊毛"能收入多少，需要彩民自己的"直觉和运气"，既可能是零，也可以是"二等奖＋固定奖"。但是彩民"薅羊毛"的平均值就是买入彩票中中"红号奖"的概率。

最后，彩民在运作连续十六期的过程中，查询表2可以得出：有同时中蓝号和红号的"其他奖"出现。这种情况的"薅羊毛"是对运作过程中的累计本金的奖励，也可以说成是本金的运作收益。

至此，一个"理想状态"下的一个"概率周期"已经完成。

以上是"理想状态"下的一个"概率周期"（十六期）的运作过程。但现实中的情况是残酷的：彩票是有"庄家"的。当彩民经过与"庄家"的博弈，在连续的十六期中有"意外奖"大于累计投入的本金时，可以结束这个"理想状态"下的"概率周期"，彩民"薅羊毛"成功。当彩民经过与"庄家"的博弈，出现连续的十六期都没有中得最小奖（即中蓝号）时，要及时地进行"止损"，毕竟"为道不为生"，自保更加重要。

# 第四章　表格法

前面对于"理想状态"下的一个"概率周期"进行了详细的论述，下面用表18来梳理双色球的追号游戏。

表 18　投入与回报分析

| 连续期数 N | 操作数列 MN | 当期投入 PN本金（元） | 累计投入 QN本金（元） | 基本奖 XN（元） | 意外奖 YN（元） | 总奖金 ZN（元） |
|---|---|---|---|---|---|---|
| 1 | 1 | 2 | 2 | 5 | Y1 | 5+Y1 |
| 2 | 1 | 2 | 4 | 5 | Y2 | 5+Y2 |
| 3 | 2 | 4 | 8 | 10 | Y3 | 10+Y3 |
| 4 | 3 | 6 | 14 | 15 | Y4 | 15+Y4 |
| 5 | 5 | 10 | 24 | 25 | Y5 | 25+Y5 |
| 6 | 8 | 16 | 40 | 40 | Y6 | 40+Y6 |
| 7 | 14 | 28 | 68 | 70 | Y7 | 70+Y7 |
| 8 | 23 | 46 | 114 | 115 | Y8 | 115+Y8 |
| 9 | 38 | 76 | 190 | 190 | Y9 | 190+Y9 |
| 10 | 64 | 128 | 318 | 320 | Y10 | 320+Y10 |
| 11 | 106 | 212 | 530 | 530 | Y11 | 530+Y11 |
| 12 | 177 | 354 | 884 | 885 | Y12 | 885+Y12 |
| 13 | 295 | 590 | 1474 | 1475 | Y13 | 1475+Y13 |
| 14 | 492 | 984 | 2458 | 2460 | Y14 | 2460+Y14 |
| 15 | 820 | 1640 | 4098 | 4100 | Y15 | 4100+Y15 |
| 16 | 1366 | 2732 | 6830 | 6830 | Y16 | 6830+Y16 |

上面表格的计算公式如下：

$$PN=2×MN$$

$$QN=PN+Q（N-1）$$

$$XN=5×MN$$

$$YN 的平均值 ≈ MN×（\sum YN 的概率）$$

$$ZN=XN+YN$$

至此，彩民从表格中可以清晰地看出资金的运作流程：在保证本金不丢失的情况下，还有意外的收入。

# 第五章　程序图

前面用表格法对"理想状态"下的一个"概率周期"的资金运作进行了详细的梳理。下面用程序图对双色球追号游戏的具体的过程进行详细的整理（见图2）。

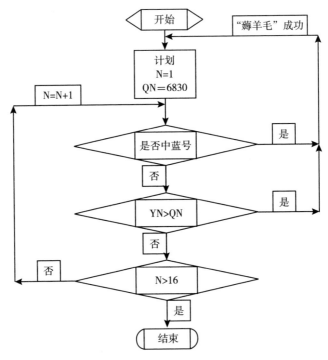

图2　追号游戏过程梳理

图2中N是连续操作的期数，QN是累计投入的本金，YN是意外奖奖金。

通过对操作方法的程序化处理，彩民可以借助计算机的强大功能来分析、执行具体的行动。

# 第六章　铁索连舟

　　前面以"结网捕鱼"的方法为例，又用"表格法"和"程序图"进行了梳理，详细地讲解了在"理想状态"下的一个"概率周期"（十六期）中，追买一个蓝号中奖的方法。但是在实际的动态博弈环境中，"庄家"不会让彩民"称心如意"，需要大家谨慎对待。

　　彩民为了"献爱心"，为了"博运道"，也为了"薅羊毛"，在有能力、有条件的情况下，可以加大投入，同时追买多个符合条件的蓝号。这时就产生了"铁索连舟"的效应：在同时追买多个蓝号时，购买彩票的总注数以"几何级数"般增长，通过"河图洛书"的平衡原理和"二分法"原则，很多的红号就可以不用重复购买，红号只抓二等奖的概率大大提高。每个"结网捕鱼"都可以被看作是"一条小船"，多条小船连接起来就可以对抗更大的"风浪"。

　　举例说明，假设市场上双色球有三个蓝号（例如，5、10、15）适合追号，甲、乙和丙三个人都不具备单人独立去追三个蓝号的经济实力，这个时候，三人经过协商，达成"三人互保"的"合买"模式：大家将资金"众筹"起来，凑足20490元（即3个"结网捕鱼"的运作本金）后开始三人"合买"的操作，运行结束后按照三人"众筹"时的投入比例来结算分配最终的资金。

　　以本书介绍的"第一指标"方法（重号的个数等于0）为例，具体到购买蓝色号码的时候：每人可以负责一个蓝号，一直追号到结束；中途谁的蓝号中奖谁就提前完成任务，其余两人继续进行操作；中途若有一人中了大奖可以提前结束，三人合买游戏进行集体清算。

　　具体到购买红色号码的时候，因为双色球单独中3个红号没有奖，单独中4个红号有奖，为了使购买的红色号码重复量不超过3个来保持二等奖的中奖概率最大，可以选以下"河图洛书"的平衡原理方案：彩民可以将剩下的

27个红号按照"亲情号""同尾号"和"欲出概率"等指标来分成9类（每类3个数共27个数），根据"河图洛书"的平衡原理来组号：3个数的"和值"最小的标为（1类），"和值"次小的标为"2类"，一直到"和值"最大的标为"9类"。具体如图3所示。

| 2类亲情号<br>（4，5，6） | 9类亲情号<br>（25，26，27） | 4类亲情号<br>（10，11，12） |
|---|---|---|
| 7类亲情号<br>（19，20，21） | 5类亲情号<br>（13，14，15） | 3类亲情号<br>（7，8，9） |
| 6类亲情号<br>（16，17，18） | 1类亲情号<br>（1，2，3） | 8类亲情号<br>（22，23，24） |

图3　9类指标

从图3中可以看出，"类号"表格的横方向、竖方向和两个对角线方向，对角线方向可以表示为（左↑）和（左↓），可以得出12组数组：2-9-4，7-5-3，6-1-8，2-7-6，9-5-1，4-3-8，2-5-8，9-3-6，4-1-7，6-5-4，1-3-2，8-9-7。每组数组包含9个红号，而且数组两两之间包含的相同红号不超过3个，保证了中二等奖的概率最大化。

前面十二期的数据简单，每期的数据推演过程我们以最复杂、最具有代表性的第十二期为例，来说明"河图洛书"的平衡原理方案（见图4）。

查询表16和表17，甲、乙和丙三人每人购买的注数为177注：

（全复式9）×2+（胆2拖5）+（胆3拖4）

=84×2+5+4

=177（注）

甲、乙和丙三人总计：177×3=531（注）。

从第十三期开始，数据量激增，"河图洛书"的平衡原理在推演过程中使用起来相当"不称手"，我们改用"二分法"原则，详细过程见图5、图6、图7、图8。

| | | 前期出奖号码 | | | | | | | |
|---|---|---|---|---|---|---|---|---|---|
| | | 28 | 29 | 30 | 31 | 32 | 33 | | |
| 甲全复式9 84注 | 1 | 甲全复式9（1，2，3，10，11，12，19，20，21）=84注 | | | | | | 10 | 乙全复式9 84注 |
| | 2 | 甲胆2（4，5）拖5（10，11，12，25，26）=5注 | | | | | | 11 | |
| | 3 | 甲胆3（4，5，6）拖4（16，17，19，20）=4注 | | | | | | 12 | |
| | 4 | 乙全复式9（4，5，6，13，14，15，22，23，24）=84注 | | | | | | 13 | |
| | 5 | 乙胆2（7，8）拖5（13，14，15，19，20）=5注 | | | | | | 14 | |
| | 6 | 乙胆3（1，2，3）拖4（13，14，25，26）=4注 | | | | | | 15 | |
| | 7 | 丙全复式9（7，8，9，16，17，18，25，26，27）=84注 | | | | | | 16 | |
| | 8 | 丙胆2（1，2）拖5（16，17，18，22，23）=5注 | | | | | | 17 | |
| | 9 | 丙胆3（7，8，9）拖4（10，11，22，23）=4注 | | | | | | 18 | |
| 19 | 20 | 21 | 22 | 23 | 24 | 25 | 26 | 27 | |
| | | 丙　　全　　复　　式9　　　　84注 | | | | | | | |

**图4　甲、乙、丙铁索链舟第十二期 177 注**

| | | 前期出奖号码 | | | | | | | |
|---|---|---|---|---|---|---|---|---|---|
| | | 28 | 29 | 30 | 31 | 32 | 33 | | |
| 甲全复式10 210注 | 1 | 甲胆3（2，3，4）拖9（12，13，14，15，16，17，18，19，20）=84注 | | | | | | 11 | 乙全复式10 210注 |
| | 2 | 甲单（5，8，21，22，12，13）=1注 | | | | | | 12 | |
| | 3 | 乙胆3（5，6，7）拖9（12，13，14，15，16，17，18，19，20）=84注 | | | | | | 13 | |
| | 4 | 乙单（6，9，23，24，14，15）=1注 | | | | | | 14 | |
| | 5 | 丙胆3（8，9，10）拖9（12，13，14，15，16，17，18，19，20）=84注 | | | | | | 15 | |
| | 6 | 丙单（7，10，25，26，16，17）=1注 | | | | | | 16 | |
| | 7 | | | | | | | 17 | |
| | 8 | | | | | | | 18 | |
| | 9 | | | | | | | 19 | |
| | 10 | | | | | | | 20 | |
| 1 | 2 | 21 | 22 | 23 | 24 | 25 | 26 | 27 | 11 |
| | | 丙　　全　　复　　式10　　　　210注 | | | | | | | |

**图5　甲、乙、丙铁索链舟第十三期 295 注**

前期出奖号码

| | | | 28 | 29 | 30 | 31 | 32 | 33 | | |

|甲全复式11 462注| | 乙全复式11 462注|
|---|---|---|
|1| 甲胆3（4、5、6）拖6（12、13、14、15、16、17）=20注 |12|
|2| 甲胆3（7、8、9）拖5（18、19、20、21、22）=10注 |13|
|3| 乙胆3（4、7、10）拖6（12、13、14、15、16、17）=20注 |14|
|4| 乙胆3（5、8、11）拖5（18、19、20、21、22）=10注 |15|
|5| 丙胆3（6、8、10）拖6（12、13、14、15、16、17）=20注 |16|
|6| 丙胆3（4、9、11）拖5（18、19、20、21、22）=10注 |17|
|7| |18|
|8| |19|
|9| |20|
|10| |21|
|11| |22|

| 1 | 2 | 3 | 23 | 24 | 25 | 26 | 27 | 12 | 13 | 14 |

丙　全　复　式11　　462注

图6　甲、乙、丙铁索链舟第十四期 492 注

前期出奖号码

| | | | 28 | 29 | 30 | 31 | 32 | 33 | | |

|甲全复式11 462注| | 乙全复式11 462注|
|---|---|---|
|1| 甲胆3（4、5、6）拖11（12、13、14、15、16、17、18、19、20、21、22）=165注 |12|
|2| 甲胆3（7、8、9）拖11（12、13、14、15、16、17、18、19、20、21、22）=165注 |13|
|3| 甲全复式8（5、9、10、23、24、25、15、16）=28注 |14|
|4| 乙胆3（4、7、10）拖11（12、13、14、15、16、17、18、19、20、21、22）=165注 |15|
|5| 乙胆3（5、8、11）拖11（12、13、14、15、16、17、18、19、20、21、22）=165注 |16|
|6| 乙全复式8（6、7、11、24、25、26、17、18）=28注 |17|
|7| 丙胆3（6、8、10）拖11（12、13、14、15、16、17、18、19、20、21、22）=165注 |18|
|8| 丙胆3（4、9、11）拖11（12、13、14、15、16、17、18、19、20、21、22）=165注 |19|
|9| 丙全复式8（7、10、5、25、26、27、19、20）=28注 |20|
|10| |21|
|11| |22|

| 1 | 2 | 3 | 23 | 24 | 25 | 26 | 27 | 12 | 13 | 14 |

丙　全　复　式11　　462注

图7　甲、乙、丙铁索链舟第十五期 820 注

| 前期出奖号码 | | | | | | | | | |
|---|---|---|---|---|---|---|---|---|---|
| | | 28 | 29 | 30 | 31 | 32 | 33 | | |

图 8 中的内容:

- 1　甲胆3（1、2、3）拖12（13、14、15、16、17、18、19、20、21、22、23、24）＝220注
- 2　甲胆3（4、5、6）拖12（13、14、15、16、17、18、19、20、21、22、23、24）＝220注
- 3　甲单（1、4、7、13、16、19）+甲单（10、2、5、22、14、17）＝2注
- 4　乙胆3（7、8、9）拖12（13、14、15、16、17、18、19、20、21、22、23、24）＝220注
- 5　乙胆3（10、11、12）拖12（13、14、15、16、17、18、19、20、21、22、23、24）＝220注
- 6　乙单（8、11、3、20、23、15）+乙单（6、9、12、18、21、24）＝2注
- 7　丙胆3（25、26、27）拖21（1、2、3、4、5、6、7、8、9、10、11、12、13、14、15、16、17、18、19、20、21）＝1330注
- 8
- 9　丙胆3（25、26、27）拖7（22、23、24、2、5、8、11）＝35注
- 10　丙单（26、27、21、22、1、4）＝1注
- 11
- 12

左侧：甲全复式12 924注（行1-12）
右侧：乙全复式12 924注（行13-24）

| | | 25 | 26 | 27 | | | | | |
|---|---|---|---|---|---|---|---|---|---|
| | | | 丙 | | | | | | |

**图 8　甲、乙、丙铁索链舟第十六期**

我们省略掉前面的第十三期、第十四期和第十五期的简单操作过程，直接以最后一期第十六期为例说明推演过程。查询表16和表17，由于我们设计的"结网捕鱼"的最后一期购买总注数为1366注，比（全复式13）的购买数量1716注少，比（全复式12）的购买数量924注多，故而选择购买彩票的最大全复式票为12个红色号码进行推演。推演如下：

甲和乙每人购买的注数为1366注：

（全复式12）+（胆3拖12）×2+（单式）×2

=924+220×2+1×2

=1366

丙购买的注数为1366注：

（胆3拖21）+（胆3拖7）+（单式）

=1330+35+1

=1366

每个人的购买数量和分解结果做好，一个完整的三人"铁索连舟"合买

过程就全部完成。在这个例子中我们假设甲、乙和丙在追号的过程中使用了同样的"第一指标"方法（即"重号的个数等于0"），从整体的策略上来看过于相信"第一指标"，到了后面数量较大的期数时容易出现过多的"冷门号码组"（比如，6个号码全部是偶数或大数等），这种情况并不是我们最想要的。我们知道双色球游戏里重号指标有"重0个号码"至"重6个号码"的7种情况，大概率出现的是"重0个号码"至"重2个号码"的3种情况，我们将这3种情况平均分配给甲、乙、丙三人，每人追号时负责自己对应的"第一指标"就可以大大地减少"冷门号码组"的数量，提高中二等奖的概率。

游戏进行到此，如果三个蓝号都没有中，需要止损结束游戏；如果累计得到的意外奖不少于累计投入的资金，那么"薅羊毛"成功，结束游戏；如果侥幸获得成功，中了一等奖，那么请理性看待。

# 第七章  程序员的福利

在上一章中，我们把"结网捕鱼"的操作方法比喻成"小船"，从"横向"的"合买"角度加以推广利用，本章专门从"纵向"的角度来论述这个方法在运行一个十六期的"理想周期"中的成功率。例如，在股市中，收盘价经过多种变化的运算后产生了 MACD、KDJ 和 RSI 等经典技术指标，然后用这些技术指标来预测后市的涨跌。同样的道理，彩票市场中也可以用"奇偶比例""大小比例"和"重号个数"等确定的结果来设计一个彩市技术指标，然后用历史数据来验证这个彩市技术指标的成功率的高低。就拿"结网捕鱼"的操作方法来说，以历史数据为依据，以一个"理想周期"为考核标准，看它在连续的十六期中成功"薅羊毛"几次，从而计算出这个"结网捕鱼"的操作方法的获胜率。如果获胜率高，我们可以合理使用；如果获胜率低，说明这个"结网捕鱼"的方法需要改进或弃而不用。

翻开"程序图"那一章，大家能够明确看到"薅羊毛"成功的两个条件：

（1）中蓝号。

（2）意外奖奖金大于累计投入的本金。

对这两个条件进行深入的分析，可以将一个"理想周期"中"薅羊毛"成功的思路分为两段（"暗合体四用三"）：前段的十二期单期注数少，要重点命中蓝号；后段的四期单期注数多，重点开发红号。

整理完以上思路，我们再来分析"结网捕鱼"方法的出奖结果的唯一性。

首先，需要考虑使用哪一个"操作数列"，如双色球有多个"操作数列"可以使用，有人喜欢"兔兔数列"的"神奇"内涵，而有人喜欢"操作数列1"的"绝对"保本，这时就产生了第一个变量。

其次，在"结网捕鱼"那一章，我们用"欲出概率"进行了编码的操作，这个操作产生了三个不确定因素。第一个因素是连续的十六期中必然会发生重号现象，按照我们的守号计划"第一指标方法"，要把重复的所有号码剔除掉，用新号顶替重号，此时在期与期之间编好的码已经失效，需要开始重新"编码"。第二个因素是编码选择的指标会因彩民的主观喜好而变化，例如，有人喜欢用"抓阄"的方法排序。第三个因素是编码的号码容器（为了叙述方便，特定义排序结果的号码为容器）会因彩民的主观喜好而变化，例如，在第一期中笔者选择的单注号码容器是（1，2，3，4，5，6），而某个彩民因自己生日是8号就选择单注号码为（1，2，3，4，5，8）的容器。这时就又产生了三个变量。

以上四个变量都会导致"结网捕鱼"方法下其他十五期的结果在解码时多种多样。为了实现连续十六期结果的唯一性，在制作技术指标时就要考虑这四个变量的不同变化。

聊到这里，聪明的读者已经想明白怎样请程序员编写"结网捕鱼"技术指标了。接下来的任务就是把写好的"结网捕鱼"技术指标放在历史数据中进行验证，看看胜率的高低。通过对"操作数列"、"编码"、原始指标和容器的改变，让计算机在历史数据中寻找出胜率较高的"结网捕鱼"技术指标为我们所用，这样就大功告成了。

经过上面对"结网捕鱼"方法的一个完整周期的纵向探讨，计算机就可以"当主角"啦，彩民可以自主地开发一个小程序，把众多的"结网捕鱼"方法挨个进行测试，就像业务员挨个拜访客户而找出准客户一样，彩民也能在海量的"结网捕鱼"方法中寻找出满意的技术指标。

需要大家注意的是：按照博弈论的观点，好的"结网捕鱼"技术指标在使用的同时在购买数量上不能太贪，要有"闷声发大财"的思想觉悟，一旦公布出来或大数量使用必然会让"庄家"觉察到，后果自然是这个"结网捕鱼"技术指标不灵了。

# 第八章　App 构想

上章提到请程序员用计算机制作小程序来帮忙干活，现在我们只要给小程序整个包装、起个名字就可以做成 App。现在来讨论一下 App 制作的思路。根据"最小最大定理"，我们可以得出办一件事情有两种思路：第一，追求成本的最低，即办完这个事情花的钱最少；第二，追求效率的最大化，即办完这个事情花的时间最短。按照第一个思路，如果有一位程序员能看懂这本书，自己一边上班赚钱养家为"正"，一边拿出闲暇时间制作 App 寻找理想的"结网捕鱼"技术指标为"奇"，自然"大事可成"。按照第二个思路，如果有一位商业运营高手，经过多轮融资用最短的时间完成了 App 的制作并且被"大资本"看中收购，也可"实现理想"。正"暗合"了那个经典理论：能够到达金字塔顶端的只有两种动物——蜗牛和老鹰。

对于上面的两个思路，第一个思路已经给程序员发了福利，第二个思路还需要我们想个办法把广大的彩民联系起来，就像互联网通过网络把分布在各个地方的计算机联系起来一样，而解决这个问题的方法就是解决"数据采集"的问题，需要广大彩民自愿地将自己购买的彩票数据以"无记名"的方式上传给 App。然后 App 的后台通过"大数据"的分析计算，将统计数据作为"小样本"，把计算出来的正态分布结果反向呈现给彩民使用，最终完成并满足广大彩民和 App 公司的需求。当数据采集的量接近于真实的彩票销售数量这种极端情况出现时，广大彩民与"庄家"之间的游戏如同扑克游戏中的"打明牌"，胜负已经昭然若揭。例如，在表 1 中，7 号数字的返奖率之差已经是负值，大家就可以不必再购买 7 而浪费金钱，把精力放在其他数字的选择上。

最后给大家解个疑惑：一定会有读者询问，这么好的构想，笔者为什么自己不去落实？笔者已经过了很长时间的探索与落实，最后将这个方法公布出来，和喜欢本书的读者朋友们结个"缘"。就像哥白尼发现了"美洲新大陆"后并不影响其他后来者在"美洲新大陆"上"风云再起"一样，笔者虽然发现了彩票交易的一种新方法，但也禁止不了其他的后来者在这个新理论的应用上"续写传奇"。

# 第九章　反结网捕鱼

前文从广度和深度的角度探讨了"结网捕鱼"方法的情况，现在再从双色球中奖规则的特殊性出发来考察研究一个"理想周期"的运行情况。

从表2可以看出，不考虑蓝号的时候红号也有"意外奖"中奖情况的出现，这时我们把"基本奖"和"意外奖"的位置对调一下：用红号的"意外奖"实现保底，用蓝号的中奖实现意外收入，这时的运行情况就发生了变化。如表19和表20所示。

表19　双色球操作数列3（当基本奖"大于等于"累计投入资金时用"进一法"）

| 期号 N | 操作数列 买入数量 X | 单期投入 2X（元） | N 期累计投入 Y（元） | 第 N 期中基本奖收入 10X（元） | N 期纯收入 10X–Y（元） |
|---|---|---|---|---|---|
| 1 | 1 | 2 | 2 | 10 | 8 |
| 2 | 1 | 2 | 4 | 10 | 6 |
| 3 | 1 | 2 | 6 | 10 | 4 |
| 4 | 1 | 2 | 8 | 10 | 2 |
| 5 | 1 | 2 | 10 | 10 | 0 |
| 6 | 2 | 4 | 14 | 20 | 6 |
| 7 | 2 | 4 | 18 | 20 | 2 |
| 8 | 3 | 6 | 24 | 30 | 6 |
| 9 | 3 | 6 | 30 | 30 | 0 |
| 10 | 4 | 8 | 38 | 40 | 2 |
| 11 | 5 | 10 | 48 | 50 | 2 |
| 12 | 6 | 12 | 60 | 60 | 0 |

续表

| 期号 N | 操作数列 买入数量 X | 单期投入 2X（元） | N 期累计投入 Y（元） | 第 N 期中基本奖收入 10X（元） | N 期纯收入 10X－Y（元） |
|---|---|---|---|---|---|
| 13 | 8 | 16 | 76 | 80 | 4 |
| 14 | 10 | 20 | 96 | 100 | 4 |
| 15 | 12 | 24 | 120 | 120 | 0 |
| 16 | 15 | 30 | 150 | 150 | 0 |
| 17 | 19 | 38 | 188 | 190 | 2 |
| 18 | 24 | 48 | 236 | 240 | 4 |
| 19 | 30 | 60 | 296 | 300 | 4 |
| 20 | 37 | 74 | 370 | 370 | 0 |
| 21 | 47 | 94 | 464 | 470 | 6 |
| 22 | 58 | 116 | 580 | 580 | 0 |
| 23 | 73 | 146 | 726 | 730 | 4 |
| 24 | 91 | 182 | 908 | 910 | 2 |
| 25 | 114 | 228 | 1136 | 1140 | 4 |
| 26 | 142 | 284 | 1420 | 1420 | 0 |
| 27 | 178 | 356 | 1776 | 1780 | 4 |
| 28 | 222 | 444 | 2220 | 2220 | 0 |
| 29 | 278 | 556 | 2776 | 2780 | 4 |
| 30 | 347 | 694 | 3470 | 3470 | 0 |
| 31 | 434 | 868 | 4338 | 4340 | 2 |
| 32 | 543 | 1086 | 5424 | 5430 | 6 |
| 33 | 678 | 1356 | 6780 | 6780 | 0 |
| 34 | 848 | 1696 | 8476 | 8480 | 4 |
| 35 | 1060 | 2120 | 10596 | 10600 | 4 |
| 36 | 1325 | 2650 | 13246 | 13250 | 4 |

续表

| 期号 N | 操作数列 买入数量 X | 单期投入 2X（元） | N 期累计投入 Y（元） | 第 N 期中基本奖收入 10X（元） | N 期纯收入 10X-Y（元） |
|---|---|---|---|---|---|
| 37 | 1656 | 3312 | 16558 | 16560 | 2 |
| 38 | 2070 | 4140 | 20698 | 20700 | 2 |
| 39 | 2588 | 5176 | 25874 | 25880 | 6 |
| 40 | 3235 | 6470 | 32344 | 32350 | 6 |
| 41 | 4043 | 8086 | 40430 | 40430 | 0 |
| 42 | 5054 | 10108 | 50538 | 50540 | 2 |
| 43 | 6318 | 12636 | 63174 | 63180 | 6 |

注：基本奖为五等奖；玩法为中"4+0"有奖；购买每注 2 元，中奖每注 10 元。

**表 20　双色球操作数列 4（当基本奖"约等于"累计投入资金时用"四舍五入法"）**

| 期号 N | 操作数列 买入数量 X | 单期投入 2X（元） | N 期累计投入 Y（元） | 第 N 期中基本奖收入 10X（元） | N 期纯收入 10X-Y（元） |
|---|---|---|---|---|---|
| 1 | 1 | 2 | 2 | 10 | 8 |
| 2 | 1 | 2 | 4 | 10 | 6 |
| 3 | 1 | 2 | 6 | 10 | 4 |
| 4 | 1 | 2 | 8 | 10 | 2 |
| 5 | 1 | 2 | 10 | 10 | 0 |
| 6 | 1 | 2 | 12 | 10 | −2 |
| 7 | 2 | 4 | 16 | 20 | 4 |
| 8 | 2 | 4 | 20 | 20 | 0 |
| 9 | 3 | 6 | 26 | 30 | 4 |
| 10 | 3 | 6 | 32 | 30 | −2 |
| 11 | 4 | 8 | 40 | 40 | 0 |
| 12 | 5 | 10 | 50 | 50 | 0 |

续表

| 期号 N | 操作数列 买入数量 X | 单期投入 2X（元） | N 期累计投入 Y（元） | 第 N 期中基本奖收入 10X（元） | N 期纯收入 10X−Y（元） |
|---|---|---|---|---|---|
| 13 | 6 | 12 | 62 | 60 | −2 |
| 14 | 8 | 16 | 78 | 80 | 2 |
| 15 | 10 | 20 | 98 | 100 | 2 |
| 16 | 12 | 24 | 122 | 120 | −2 |
| 17 | 15 | 30 | 152 | 150 | −2 |
| 18 | 19 | 38 | 190 | 190 | 0 |
| 19 | 24 | 48 | 238 | 240 | 2 |
| 20 | 30 | 60 | 298 | 300 | 2 |
| 21 | 37 | 74 | 372 | 370 | −2 |
| 22 | 47 | 94 | 466 | 470 | 4 |
| 23 | 58 | 116 | 582 | 580 | −2 |
| 24 | 73 | 146 | 728 | 730 | 2 |
| 25 | 91 | 182 | 910 | 910 | 0 |
| 26 | 114 | 228 | 1138 | 1140 | 2 |
| 27 | 142 | 284 | 1422 | 1420 | −2 |
| 28 | 178 | 356 | 1778 | 1780 | 2 |
| 29 | 222 | 444 | 2222 | 2220 | −2 |
| 30 | 278 | 556 | 2778 | 2780 | 2 |
| 31 | 347 | 694 | 3472 | 3470 | −2 |
| 32 | 434 | 868 | 4340 | 4340 | 0 |
| 33 | 543 | 1086 | 5426 | 5430 | 4 |
| 34 | 678 | 1356 | 6782 | 6780 | −2 |
| 35 | 848 | 1696 | 8478 | 8480 | 2 |
| 36 | 1060 | 2120 | 10598 | 10600 | 2 |

| 期号 N | 操作数列 买入数量 X | 单期投入 2X（元） | N 期累计投入 Y（元） | 第 N 期中基本奖收入 10X（元） | N 期纯收入 10X−Y（元） |
|---|---|---|---|---|---|
| 37 | 1325 | 2650 | 13248 | 13250 | 2 |
| 38 | 1656 | 3312 | 16560 | 16560 | 0 |
| 39 | 2070 | 4140 | 20700 | 20700 | 0 |
| 40 | 2588 | 5176 | 25876 | 25880 | 4 |
| 41 | 3235 | 6470 | 32346 | 32350 | 4 |
| 42 | 4043 | 8086 | 40432 | 40430 | −2 |
| 43 | 5054 | 10108 | 50540 | 50540 | 0 |

注：基本奖为五等奖；玩法为中"4+0"有奖；购买每注 2 元，中奖每注 10 元。

从表 13 中查出中五等奖（4+0）的概率是（1/224），即守红号的"理想周期"是 224 期，这个数据使用起来不现实，我们退而求其次，使用蓝号的中奖周期 16 期的倍数第 32 期。

查看表 19、表 20 得出：在第十六期、第十七期和第十八期的区间里，产生了理想的游戏结果。第一项结果是操作周期大于十六期时的单期买入数量大于 16 注，平均每注分配一个蓝号则必中一个蓝号，增加了收入并降低了成本。第二项结果是在单独一期购买多注后中 1 注四等奖（4+1）的概率得到了极大的提高，而中四等奖（4+1）的奖金是 200 元，约等于投入的成本，基本上实现了彩票"零和游戏"的第二均衡点的"保本"的要求。第三项结果是在连续运行的过程中，有（3+1）情形的中奖结果产生，具体数量无法精确计算，但它总是意外之喜。第四项结果是在一个十六期的周期中累计投入 200 元左右，会使熟练使用本书方法参与彩票游戏的门槛得到极大的降低，提升了游戏的活跃度。第五项结果是在资金宽裕的情况下可以继续追号至第三十二期，极大地提高了回本的概率。

凭上述五项优点，"反结网捕鱼"的操作方法不输于"结网捕鱼"的操作方法。同时也和读者说明，对其他彩种的"反结网捕鱼"方法的操作数列有需要的，则由读者自行推演。

# 第十章 最小量

依据经典物理的思想，物质可以一直分解下去并且符合经典物理的定理，但是在物质分解到微观的量子尺度时，经典物理的定理就失效了，需要用量子理论来研究量子尺度上的物质，这就使得物质在宏观和微观之间有一个观测尺度分界线。当物质大于观测尺度时遵循经典物理的定理，当小于观测尺度时符合量子力学的理论。

推而广之，在人们的生产活动中，一件事情的解决也有它对应的"办理尺度"，大于这个"办理尺度"时按照常理来处理，小于这个"办理尺度"时另寻他法，这个另寻他法的数量级别可以称之为"最小量"。例如，财务学领域的分钱：当3个人平分1元钱时，最后的1分钱无法均分，这个"1分钱"就是货币的"最小量"。再比如，在投资行为中，甲方投资者总要对乙方进行全方位的评测，然后计算出盘活乙方需要的资金的"最小量"，进而保证自身的安全防止被乙方拖垮。

在我们购买彩票的行动中，单独购买1注为这一期的"最小量"。当我们连续地购买彩票至一个周期时，使用某种操作方法能够回本时的最小注数，可以称为该追号操作方法的"最小量"。例如，本书举例介绍的双色球操作数列1的"结网捕鱼"方法的"最小量"是1366注，对应的累计投入是6830元。以"最小量"为分界线，大家可以看出在"最小量"的范围里，我们的操作方法"结网捕鱼"已经量化到最小的单元1注上，犹如"绣花"般"一针一线"都在细微处；而在"最小量"的外围，我们的操作方法"铁素连舟"下的每个"小船"默契配合、团队协作，保证了收益的最大化。总之，我们的"结网捕鱼"方法犹如部队中的单兵作战，"铁索连舟"方案就像部队中的团队作战。研究"结网捕鱼"的各种模型犹如在量子力学领域研究原子的内部秘密，彩民要想尽一切办法增大"结网捕鱼"技术指标的成功率；推敲"铁索连舟"的变化就像经典物理推算星体的运动规律，彩民要精准地跟踪彩票数据"数学流行"的趋势方向。

　　根据以上的讨论可以看出，以往的买彩票方法犹如在棋盘上玩"五子棋"，有点"小家碧玉"的样子；而我们的"结网捕鱼"方法犹如黑白二子，在彩票市场这个大棋盘上具有"大家闺秀"的风范。

# 第十一章　体彩大乐透 PK 福彩双色球

从前面章节中我们看到大乐透和双色球都有暗合"兔兔数列"的特性，但是在销量的对比上，体彩大乐透的销量总是追不上双色球的销量。从"理想周期"的角度来看，双色球的"理想周期"为 16 期，而大乐透的"理想周期"为 16.6 期，也许正是这个底层逻辑 0.6 的微小差异引发了"蝴蝶效应"，导致了结果的大不相同。大乐透虽然销量屈居第二，但是它的玩法也有我们值得借鉴的地方。大乐透游戏的中奖规则如表 21 所示。

表 21　大乐透中奖查询

| 奖级 | 中奖条件（红 + 蓝） | | | 奖金（元） |
|---|---|---|---|---|
| | 只中红号意外奖 | 红蓝都中其他奖 | 只中蓝号基本奖 | |
| 一等奖 | | 5+2 | | 浮动不保底 |
| 二等奖 | | 5+1 | | 浮动不保底 |
| 三等奖 | 5+0 | | | 10000 |
| 四等奖 | | 4+2 | | 3000 |
| 五等奖 | | 4+1 | | 300 |
| 六等奖 | | 3+2 | | 200 |
| 七等奖 | 4+0 | | | 100 |
| 八等奖 | | 3+1 | | 15 |
| | | 2+2 | | |

续表

| 奖级 | 中奖条件（红＋蓝） | | | 奖金（元） |
|------|------------------|---|---|-----------|
| | 只中红号**意外奖** | 红蓝都中**其他奖** | 只中蓝号**基本奖** | |
| 九等奖 | 3+0 | | | 5 |
| | | 1+2 | | |
| | | 2+1 | | |
| | | | 0+2 | |

从表 21 中可以看出大乐透的"结网捕鱼"方法和"反结网捕鱼"方法的保本条件都是中九等奖，经过推演我们只能得出两个操作数列，如表 5 所示。

所以，大乐透的"结网捕鱼"操作数列只有这两个数列和"兔兔数列"，合计三种玩法。这与双色球的五种操作数列玩法相比，又逊了一筹。

我们继续查看表 21，在九等奖的 4 个条件中，按照"最小最大定理"的原理，只有"2+1"的操作周期最短，适合运用在操作中，具体的方法为：在"理想周期 16.6"中，红号用"胆码"2 个去拖其他号码实现当期购买注数，而蓝号则可以根据购买数量平均分配在 12 个号码上得到意外奖。从大乐透的这个最优的"结网捕鱼"操作方法的复杂程度来看，比双色球再逊一筹。

我们从"理想周期"的大小、游戏操作数列的多少和"结网捕鱼"玩法的操作难易程度三个角度用数理逻辑的思维分析了大乐透和双色球的优劣。这只是笔者一家之言，仅供大家参考。

# 后　记

　　彩民购买彩票的行为有许多科学的经验，已有的研究思路基本上都是把彩票数据看作是一个不受彩民自身行为影响的客观系统，而没有考虑彩民的操作行为对彩票数据的影响。作为一种近似的方法，这样处理后既可以给少量的彩票购买行为带来方便，也可以积累出好多有价值的经验，但这种模糊的近似不利于对大数量的彩票购买行为进行深入分析。彩票市场由千千万万的彩民构成，彩民相互作用、相互影响，形成一个密切关联、相互影响、不可分割的整体，每个彩民的操作行为都必然影响着彩票数据的运动变化，具体表现在以下两个方面：第一个方面是当资金量比较大的时候对彩票数据的影响较大；第二个方面是彩民的购买数量正好达到了"庄家"变盘的临界数量。

　　《彩票追号绝技》从另一个角度对传统的买彩票方法进行了逻辑上的梳理，把买彩票推广上升到理论高度，并且重新在博弈论的基础上构建了技术分析理论，希望能够给失去买彩信心的彩民增加一些买彩票的勇气。博弈论把彩票市场看成是一个双方竞局和∞竞局融汇在一起的复合竞局，彩民处于博弈对抗中，投资决策是一个博弈计算过程。博弈计算与人们习惯地按照科学规律思考问题不同，它面对的不是僵死的按一种规律变化的系统，而是有多种变化的、活的系统。所以彩票博弈计算必须要有"庄家"意识，考虑"庄家"的存在，考虑"庄家"存在多种可能的选择，同时还要考虑"庄家"在计算时也会考虑彩民的存在和彩民的多种选择的可能等。博弈计算更符合彩票市场决策的实际情况，所以，本书对彩票数据规律的论述较传统的买彩票方法更清晰，且对操作更有指导意义。

　　《彩票追号绝技》生于彩票交易，服务于彩票交易。没有彩票交易，就没有《彩票追号绝技》。彩票交易为"器"，《彩票追号绝技》就为"法"。器与法不可分离。例如，弓箭、车马是器，没有弓箭、车马这两个器，射箭、驾驭的方法和道理也就不存在了。彩票交易使用《彩票追号绝技》，就像"圣斗士"穿上了"黄金圣衣"，更像网络游戏开了"挂"。